D0103829

Essential
French

2nd Edition

2nd Edition Text
by Muriel Placet-Kouassi

Berlitz Publishing
New York   Munich   Singapore

Essential French, 2nd Edition

Contacting the Editors
Every effort has been made to provide accurate information in this publication, but changes are inevitable. The publisher cannot be responsible for any resulting loss, inconvenience, or injury. We would appreciate it if readers would call our attention to any errors or outdated information by contacting Berlitz Publishing. email: comments@berlitzpublishing.com

Printed in China by CTPS, April 2011

Publishing Director: Sheryl Olinsky Borg
Project Manager/Editor: Eric Zuarino
2nd Edition Text: Muriel Placet-Kouassi
French Proofreader: Sophie Bizard
Production Manager: Elizabeth Gaynor
Cover Design: George Pallath
Interior Design: Claudia Petrilli and Datagrafix, Inc.

Cover Photos: © 2009 Masterfile Corporation; © Andrew Duke / Alamy

Distribution
UK & Ireland: GeoCenter International Ltd., Meridian House, Churchill Way West, Basingstoke, Hampshire RG21 6YR. email: sales@geocenter.co.uk

United States: Ingram Publisher Services, One Ingram Boulevard, PO Box 3006, La Vergne, TN 37086-1986. email: customer.service@ingrampublisherservices.com

Worldwide: APA Publications GmbH & Co., Verlag KG (Singapore branch), 7030 Ang Mo Kio Avenue 5, 08-65 Northstar @ AMK, Singapore 569880 email: apasin@singnet.com.sg

TABLE OF CONTENTS

INTRODUCTION   xi

How to use this book   xi
The structure of the book   xii
Guide to pronunciation   xii

LESSON 1   BONJOUR! / HELLO!   1

Grammaire / Grammar   3
1. Questions et réponses / Questions and answers   3
2. Oui ou non / Yes or no   3
3. Un ou une / "A" (♂ or ♀)   4
Vocabulaire / Vocabulary   5
Exercices / Exercises   6

LESSON 2   PRÉSENTATIONS / INTRODUCTIONS 8

Grammaire / Grammar   10
1. Je suis/Je ne suis pas / I am/I am not   10
2. Vous êtes/Vous n'êtes pas / You are/You are not   10
3. Il est/Il n'est pas / He is/He is not   12
4. Elle est/Elle n'est pas / She is/She is not   13
5. Français ou Française? / French: ♂ or ♀?   14
6. Verbes (être/venir/travailler/étudier) / Verbs (to be/
   to come/to work/to study)   16
Vocabulaire / Vocabulary   19
Exercices / Exercises   21

LESSON 3   NATHALIE PART EN VOYAGE /
NATHALIE GOES ON A TRIP   23

Grammaire / Grammar   25
1. J'ai/Je n'ai pas / I have/I do not have   25
2. Vous avez/Vous n'avez pas / You have/You do not have   26
3. Il a/Il n'a pas / He has/He does not have   26

4. Elle a/Elle n'a pas / She has/She does not have 27
5. Le/La / The (♂ or ♀) 27
6. Verbes (avoir/voyager/partir/prendre/aller) / Verbs
   (to have/to travel/to leave/to take/to go) 29
Vocabulaire / Vocabulary 33
Exercice / Exercise 35

LESSON 4 QUEL JOUR EST-CE AUJOURD'HUI? / WHAT DAY IS IT TODAY? 37

Grammaire / Grammar 39
1. Des / Some 39
2. Il y a/Il n'y a pas / There is/There is not 40
3. Les / The (plur.) 40
4. Prépositions / Prepositions (à/au/de/d'/du) 41
5. Nombres / Numbers (1-10, 20, 25) 42
6. Quelle heure est-il? / What time is it? 43
7. C'est/Ce sont / This is/These are 44
8. Ce n'est pas/Ce ne sont pas / This is not/These are not 44
9. L'accord des adjectifs / The agreement of adjectives 44
Vocabulaire / Vocabulary 46
Exercices / Exercises 48

LESSON 5 COMBIEN DE LETTRES Y A-T-IL? / HOW MANY LETTERS ARE THERE? 50

Grammaire / Grammar 51
1. Verbes (savoir/pouvoir) / Verbs (to know/to be able to) 51
2. Nombres / Numbers (11-20, 30-100, 125) 52
3. Combien de...? / How many/How much...? 53
4. Verbes (appeler/taper/envoyer/commencer/finir) /
   Verbs (to call/to type/to send/to begin/to finish) 53
5. Ce/Cette/Cet/Ces / This/These 56
6. L'impératif / The imperative 57
Vocabulaire / Vocabulary 57
Exercices / Exercises 59

LESSON 6 Review: Lessons 1-5 61

1. Dialogues / Dialogues 61
Vocabulaire supplémentaire / Extra vocabulary 65
Exercices / Exercises 66

LESSON 7 L'ADDITION S'IL VOUS PLAÎT! / THE CHECK, PLEASE! 69

Grammaire / Grammar 70
  1. Verbe (faire) / Verb (to do/to make) 70
  2. Le pronom sujet "on" / The subject pronoun "on" 71
  3. Verbe (prendre) / Verb (to take) 72
  4. L'article partitif (du/de la/de l') / The partitive article
     (some) 72
  5. Je voudrais... / I would like... 73
  6. Toi et moi / You (familiar) and me 73
  7. Il est 13 heures / It is 1:00 p.m. 73
  8. Le pronom "y" / The pronoun "y" 74
  9. Les contraires / Opposites 74
Vocabulaire / Vocabulary 75
Exercices / Exercises 76

LESSON 8 AVEZ-VOUS UNE RÉSERVATION? / DO YOU HAVE A RESERVATION? 79

Grammaire / Grammar 81
  1. Les adjectifs possessifs / Possessive adjectives 81
  2. Verbes (vouloir/remplir/servir) / Verbs (to want/to fill/to
     serve) 82
  3. Premier, deuxième, troisième, etc. / First, second,
     third, etc. 83
  4. Verbes (parler/donner) / Verbs (to speak/to give) 84
Vocabulaire / Vocabulary 85
Exercices / Exercises 86

LESSON 9 IL FAUT ALLER À LA POSTE / IT IS NECESSARY TO GO TO THE POST OFFICE 88

Grammaire / Grammar 89
  1. Il faut... / It is necessary... 89
  2. Verbe (mettre) / Verb (to put/to put on) 90
  3. Les pronoms compléments d'objet direct / Direct object
     pronouns 90
  4. Verbes (dire/lire/écrire/voir) / Verbs (to say/to read/to
     write/to see) 92

5. Les pronoms démonstratifs / Demonstrative pronouns   93
6. L'impératif (suite) / The imperative (continued)   94
7. Le futur proche (aller + infinitif) / The near future
(to go + infinitive)   94
Vocabulaire / Vocabulary   94
Exercices / Exercises   95

**LESSON 10   QUEL TEMPS FAIT-IL? /
WHAT'S THE WEATHER LIKE?   98**

Grammaire / Grammar   100
1. Les mois de l'année / The months of the year   100
2. Les saisons / The seasons   100
3. Quel temps fait-il? / What's the weather like?   101
4. Verbes (attendre/répondre) / Verbs (to wait for/to
answer)   101
5. La conjonction « que » / The conjunction "that"   103
6. Les pronoms compléments d'objet direct (suite) /
Direct object pronouns (continued)   103
Vocabulaire / Vocabulary   104
Exercice / Exercise   106

**LESSON 11   ILS ONT ACHETÉ TOUT CE
QU'IL FAUT / THEY BOUGHT ALL THAT IS
NECESSARY   108**

Grammaire / Grammar   110
1. Aller + infinitif / To go + infinitive   110
2. Le passé composé / The past tense   111
3. Les participes passés des verbes réguliers / Past
participles of regular verbs   111
4. Les pronoms compléments d'objet indirect / Indirect
object pronouns   113
Vocabulaire / Vocabulary   115
Exercices / Exercises   116

LESSON 12   Review: Lessons 7-11   119

1. Dialogues / Dialogues   119
Exercices / Exercises   123

LESSON 13 POURRIEZ-VOUS M'INDIQUER LE CHEMIN? / COULD YOU SHOW ME THE WAY? 127

Grammaire / Grammar 129
1. Le passé composé (suite) / The past tense (continued) 129
2. Le passé composé avec « être » / The past tense with "être" 130
3. Les pronoms relatifs / The relative pronouns 132
4. Qui ou que? / The subject or object relative pronoun? 133
5. L'impératif (suite) / The imperative (continued) 134
Vocabulaire / Vocabulary 134
Exercices / Exercises 136

LESSON 14 PARLONS DE LA FAMILLE / LET'S TALK ABOUT THE FAMILY 139

Grammaire / Grammar 141
1. Verbe (boire) / Verb (to drink) 141
2. Quelque chose/rien / Something/nothing 142
3. Quelqu'un/personne / Somebody/nobody 143
4. Quel âge avez-vous? / How old are you? 143
5. Être + en train de + infinitif / To be in the process of doing something 144
6. Les comparatifs / The comparatives 145
7. La place du pronom / The position of the pronoun 145
Vocabulaire / Vocabulary 146
Exercice / Exercise 148

LESSON 15 « TOUT EST BIEN QUI FINIT BIEN » / "ALL'S WELL THAT ENDS WELL" 150

Grammaire / Grammar 152
1. Les verbes pronominaux / The reflexive verbs 152
2. Les couleurs / The colors 156
3. Tout/Toute/Tous/Toutes / All (adjective or pronoun) 157
4. Les prépositions / The prepositions 158
5. Les pronoms possessifs / The possessive pronouns 158
Vocabulaire / Vocabulary 159
Exercice / Exercise 161

LESSON 16   Review: Lessons 13-15   163

1. Dialogues / Dialogues   163
Exercices / Exercises   167

LESSON 17   À QUELLE HEURE VOUS LEVEZ-VOUS? / WHAT TIME DO YOU GET UP?   174

Grammaire / Grammar   176
   1. Les verbes pronominaux (suite) / Pronominal verbs
      (continued)   176
   2. Les pronoms démonstratifs / Demonstrative pronouns   178
   3. Venir de + infinitif / Immediate past (venir de) +
      infinitive   178
   4. Au contraire! / On the contrary!   180
Vocabulaire / Vocabulary   182
Exercice / Exercise   184

LESSON 18   QUELQUES ACHATS DANS UN GRAND MAGASIN / A FEW PURCHASES IN A DEPARTMENT STORE   187

Grammaire / Grammar   189
   1. Le futur / The future   189
   2. Les pronoms interrogatifs / Interrogative pronouns   191
   3. Depuis / Since/For   191
   4. Le pronom « en » / The pronoun "en"   192
   5. Le verbe (devoir) / Verb (to have to/to owe)   193
Vocabulaire / Vocabulary   194
Exercice / Exercise   196

LESSON 19   UN DÎNER AVANT DE SE QUITTER / A DINNER BEFORE PARTING   198

Grammaire / Grammar   200
   1. Avoir faim/Avoir soif / To be hungry/To be thirsty   200
   2. Avant de + infinitif, après avoir/être + participe passé /
      Before/after doing something   201
   3. Le futur (suite) / The future (continued)   202

4. Quand/Dès que (au futur) / When/As soon as
   (in the future)   203
5. L'imparfait / The imperfect   204
6. Le conditionnel / The conditional   206
7. Les phrases avec « si » / Clauses with "if"   208
8. Le subjonctif / The subjunctive   208
Vocabulaire / Vocabulary   210
Exercice / Exercise   212

LESSON 20   Review: Lessons 17-19   **215**

1. Dialogues / Dialogues   215
Exercices / Exercises   219

ANSWER KEY   **225**

GLOSSARY   **254**

x

INTRODUCTION

Whether you're a beginner who's never studied a foreign language or a former student brushing up on old skills, *Berlitz Essential French* will provide you with all the tools and information you need to speak a foreign tongue easily and effectively. Furthermore, the book is designed to permit you to study at your own pace, based on your level of expertise.

* Lively bilingual dialogues describe actual, everyday situations in which you might find yourself when traveling in a foreign country.

* Basic grammar is taught through actual phrases and sentences, which help you develop an instinctive sense of correct grammar without having to study long lists of rules and exceptions.

* An exercise section at the end of each lesson gives you the opportunity to pinpoint your strengths and weaknesses, and enables you to study more efficiently.

* The last activity in each lesson includes an online-based opportunity to apply what you learn to real-life French.

* The glossary at the end of the book gives you an easy reference list of all the words used in the book.

* The audio CD features native French speakers. Hear French as it is really spoken.

HOW TO USE THIS BOOK

The best way to learn any language is through consistent *daily* study. Decide for yourself how much time you can devote to the study of *Essential French* each day—you may be able to complete two lessons a day or just have time for a half-hour of study. Set a realistic daily study goal that you can easily achieve, one that includes studying new material as well as reviewing the old. The more frequent your exposure to the language, the better your results will be.

THE STRUCTURE OF THE BOOK

* Listen to the dialogue at the beginning of each lesson. Follow along slowly and carefully, using the translation and the pronunciation guide.
* When you have listened to and read the dialogues enough times to get a good grasp of the sounds and sense of the French language, read the grammar section, paying particular attention to how the language builds its sentences. Then go back and listen to and read the dialogue again.
* When studying the vocabulary list, it is useful to write the words down in a notebook. This will help you remember both the spelling and meaning as you move ahead. You might also try writing the word in a sentence that you make up yourself.
* Try to work on the exercise section without referring to the dialogue, then go back and check your answers against the dialogue or by consulting the answer key at the end of the book. It's helpful to repeat the exercises.
* At the end of each lesson, there is a bonus internet activity. Visit http://www.berlitzpublishing.com and go to the downloads section to continue learning French through authentic French language websites!

By dedicating yourself to the lessons in the *Berlitz Essential French* course, you will quickly put together the basic building blocks of French, which will help you to continue at your own pace. You will find in this book all you need to know in order to communicate effectively in a foreign language, and you will be amply prepared to go on to master French with all the fluency of a native speaker.

GUIDE TO PRONUNCIATION

This section is designed to make you familiar with the sounds of French using our simplified phonetic transcription. You'll find the pronunciation of the French letters and sounds explained in this section, together with their "imitated" equivalents. This system is used in the beginning of this course from Lesson 1 through Lesson 4; simply read the pronunciation as if it were English, noting any special rules below.

In French, all syllables are pronounced the same, with no extra stress on any particular syllable. The French language contains nasal vowels, which are indicated in the pronunciation by a vowel symbol followed by an **N**. This **N** should not be pronounced strongly, but it is there to show the nasal quality of the previous vowel. A nasal vowel is pronounced simultaneously through the mouth and the nose. In French, the final consonants of words are not always pronounced. When a word ending in a consonant is followed with a word beginning with a vowel, the two words are often run together. The consonant is therefore pronounced as if it begins the following word.

Example	Pronunciation
comment	koh-mawN
Comment allez-vous?	koh-mawN tah-lay-voo

Consonants

Letter	Approximate Pronunciation	Symbol	Example	Pronunciation
cc	1. before e, i, like cc in accident	ks	accessible	ahk-seh-see-bl
	2. elsewhere, like cc in accommodate	k	d'accord	dah-kohr
ch	like sh in shut	sh	chercher	shehr-shay
ç	like s in sit	s	ça	sah
g	1. before e, i, y, like s in pleasure	zh	manger	mawN-zhay
	2. before a, o, u, like g in go	g	garçon	gahr-sohN
h	always silent		homme	ohm
j	like s in pleasure	zh	jamais	zhah-may
qu	like k in kill	k	qui	kee
r	rolled in the back of the mouth, like gargling	r	rouge	roozh
w	usually like v in voice	v	wagon	vah-gohN

B, c, d, f, k, l, m, n, p, s, t, v, x and z are pronounced as in English.

Vowels

Letter	Approximate Pronunciation	Symbol	Example	Pronunciation
a, à, â	between the a in hat and the a in father	ah	mari	mah-ree
e	sometimes like a in about	uh	je	zhuh
è, ê, e	like e in get	eh	même	mehm
é	like a in late	ay	été	ay-tay
i	like ee in meet	ee	il	eel
o, ô	generally like o in roll	oh	donner	doh-nay
u	like ew in dew	ew	une	ewn

Sounds spelled with two or more letters

Letter	Approximate Pronunciation	Symbol	Example	Pronunciation
er, ez, ed	like a in late	ay	chez thé	shay tay
ai, aient, ais, ait, aî, ei	like e in get	eh	chaîne peine	shehn pehn
(e)au	similar to o	oh	chaud	shoh
eu, eû, œu	1. like u in fur, but short	uh	euro	uh-roh
	2. like a puff of air			
euil, euille	like uh + y	uhy	feuille	fuhy
ail, aille	like ie in tie	ie	taille	tie
ille	1. like yu in yucca	eeyuh	famille	fah-meey
	2. like eel	eel	ville	veel

oi, oy	like w followed by the a in hat	wah	moi	mwah
ou, oû	like o in move or oo in hoot	oo	nouveau	noo-voh
ui	approximately like wee in between	wee	traduire	trah-dweer

BONJOUR!
HELLO!

Madame Sorel	**Bonjour, Paul!** *(bohN-zhoor pohl)* Hello, Paul!
Paul	**Bonjour, madame! Ça va?** *(bohN-zhoor mah-dahm. sah vah)* Hello, Madame! How's everything?
Madame Sorel	**Oui, ça va bien, merci. Et vous, Paul, comment allez-vous?** *(wee sah vah beeyehN mehr-see. ay voo pohl koh-mawN tah-lay voo)* Fine, thank you. And you, Paul, how are you?
Paul	**Très bien, merci.** *(treh beeyehN mehr-see)* Very well, thank you.
Madame Sorel	**Révisons le vocabulaire, Paul! Vous êtes prêt?** *(ray-vee-zohN luh-voh-kah-bew-lehr pohl. voo zeht preh)* Let's review the vocabulary, Paul! Are you ready?

Paul	**Oui, madame.** *(wee mah-dahm)* Yes, Madame.
Madame Sorel	**Ça...Est-ce que c'est un stylo?** *(sah...ehs kuh seh tuhN stee-loh)* This...Is this a pen?
Paul	**Oui, c'est un stylo.** *(wee seh tuhN stee-loh)* Yes, it's a pen.
Madame Sorel	**Et ça? Est-ce que c'est un stylo ou une clé?** *(ay sah. ehs kuh seh tuhN stee-loh oo ewn klay)* And that? Is that a pen or a key?
Paul	**Ça, c'est une clé!** *(sah seh tewn klay)* That is a key!
Madame Sorel	**Bien! Et ça? Est-ce que c'est aussi une clé?** *(beeyehN. ay sah. ehs kuh seh toh-see ewn klay)* Good! And that? Is that also a key?
Paul	**Non, madame. Ce n'est pas une clé!** *(nohN mah-dahm. suh neh pah zewn klay)* No, Madame. That's not a key!
Madame Sorel	**Qu'est-ce que c'est?** *(kehs kuh seh)* What is it?
Paul	**C'est un livre! C'est un livre de français.** *(seh tuhN leevr. seh tuhN leevr duh frahN-seh)* It's a book! It's a French book.
Madame Sorel	**Très bien, Paul! Vous connaissez bien votre vocabulaire.** **Félicitations!** *(treh beeyehN pohl. tew koh-neh-say beeyehN voh-truh voh-kah-bew-lehr. fay-lee-see-tah-seeyohN)* Very good, Paul! You know your vocabulary well. Congratulations!
Paul	**Merci. Au revoir, madame. À bientôt.** *(mehr-see. oh rvoo-ahr mah-dahm. ah beeyehN-toh)* Thank you. Goodbye, Madame. See you soon.

GRAMMAIRE / **GRAMMAR**

1. QUESTIONS ET RÉPONSES / **QUESTIONS AND ANSWERS**

Qu'est-ce que c'est?
(kehs kuh seh)
What is this?

C'est un stylo.
(seh tuhN stee-loh)
It's a pen.

Qu'est-ce que c'est?

C'est un livre.
(seh tuhN leevr)
It's a book.

Qu'est-ce que c'est?

C'est un bureau.
(seh tuhN bew-roh)
It's a desk.

---

2. OUI OU NON / **YES OR NO**

Est-ce que c'est un bureau?
(eh skuh seh tuhN bew-roh)
Is this a desk?

Oui.
(wee)
Yes.

Oui, c'est un bureau.
(wee seh tuhN bew-roh)
Yes, it's a desk.

Est-ce que c'est un stylo?
(eh skuh seh tuhN stee-loh)
Is this a pen?

Oui, c'est un stylo.
(wee seh tuhN stee-loh)
Yes, it's a pen.

Est-ce que c'est un stylo?

Non.
(nohN)
No.

Non, ce n'est pas un stylo.
(nohN suh neh pah zuhN stee-loh)
No, it's not a pen.

Qu'est-ce que c'est?
(keh skuh seh)
What is it?

C'est un livre.
(seh tuhN leevr)
It's a book.

---

3. UN OU UNE / A (♂ OR ♀)

There are two translations of the indefinite article "a" in French: un (for words which are masculine) and une (for words which are feminine). Always learn the gender of the word (masculine or feminine) at the same time as you learn the word itself: not just stylo but un stylo, not just clé but une clé, etc.

Here are some words that take une:

une clé	une boîte	une chaise
(ewn klay)	*(ewn bwaht)*	*(ewn shehz)*
a key	a box	a chair

Most of the words ending with an "e" are feminine. However, there are some exceptions; for example: un livre.

Est-ce que c'est une boîte?
(ehs kuh seh tewn bwaht)
Is this a box?

Non, ce n'est pas une boîte.
(nohN suh neh pah zewn bwaht)
No, it's not a box.

Qu'est-ce que c'est?

C'est une chaise.
(seh tewn shehz)
It's a chair.

Est-ce que c'est une clé ou un stylo?
(ehs kuh seh tewn klay oo uhN stee-loh)
Is that a key or a pen?

C'est un stylo.
(seh tuhN stee-loh)
It's a pen.

The definite article "the" is translated in French by le (*luh*) when the noun is masculine (un livre – le livre) or la (*lah*) when the noun is feminine (une chaise – la chaise).

We will reexamine this point, and the plural "the" (les) in a later lesson.

VOCABULAIRE / VOCABULARY

le vocabulaire: the vocabulary
la grammaire: the grammar
bonjour: hello
au revoir: goodbye
À bientôt!: See you soon!
monsieur: mister/sir
un monsieur: a gentleman/a man
madame Sorel: Mrs. Sorel
mademoiselle Sorel: Miss Sorel
petit♂/petite♀: small/little
grand♂/grande♀: big/large
prêt♂/prête♀: ready

In our next lesson, we will take a closer look at the masculine and feminine forms of adjectives.

une conversation: a conversation
une question: a question
une réponse: an answer
oui: yes
non: no
merci: thank you
ça: that
Ça va?: How is it going?/Is everything all right?
bien: good/well
mal: bad/badly
très: very
très bien: very well/very good
très mal: very bad
Comment allez-vous?: How are you?
comment: how
vous: you (formal or plural)
un bureau: a desk
un stylo: a pen
un livre: a book
un livre de français: a French book
un Français♂/une Française♀: a French man/a French woman
une boîte: a box
une chaise: a chair

une clé: a key
autre: other
une leçon: a lesson
et: and
qu'est-ce que…?: what…?
ou: or
de: of/from
français♂/française♀: French
le français: French (the language)
aussi: also
bientôt: soon
Félicitations!: Congratulations!

EXERCICES / **EXERCISES**

Exercise A

UN OU UNE?

Insert <u>un</u> or <u>une</u> when appropriate.

1. __une__ chaise
2. _____ livre
3. _____ bureau
4. _____ clé
5. _____ boîte

6. _____ conversation
7. _____ question
8. _____ monsieur
9. _____ réponse
10. _____ Français de Paris

Exercise B

C'EST OU CE N'EST PAS?

Insert <u>c'est</u> or <u>ce n'est pas</u> in the appropriate places.

1. Oui, _____ c'est _____ Paul!
2. Non, _____ Sylvie!
3. Oui, _____ monsieur Sorel!
4. Oui, _____ un professeur de français!
5. Non, _____ madame Sorel!

QU'EST-CE QUE C'EST?

What is this? Translate the following into French.

1. a pen: ___un stylo___

2. a box: _____

3. a gentleman: _____

4. a book: _____

5. an answer: _____

Visit www.berlitzpublishing.com for a bonus internet activity—go to the downloads section and connect to the world in French!

Exercise C

2

PRÉSENTATIONS
INTRODUCTIONS

 À l'arrêt de bus, Paul fait la connaissance de mademoiselle Caron.
At the bus stop, Paul meets Miss Caron.

Paul	**Bonjour, mademoiselle! Comment allez-vous?**
	(bohN-joor mah-dmwah-zehl. koh-mawN tah-lay voo)
	Hello, miss! How are you?
Mademoiselle Caron	**Je vais bien, merci. Comment vous appelez-vous?**
	(zhuh vay beeyehN mehr-see. koh-mawN voo zah-play-voo)
	I am fine, thank you. What is your name?
Paul	**Je m'appelle Paul.**
	(zhuh mah-pehl pohl)
	My name is Paul.

Mademoiselle Caron	**Enchantée, Paul! Je suis Mademoiselle Caron.** *(awN-shawN-tay pohl. zhuh swee mah-dmwah-zehl kah-rohN)* Pleased to meet you, Paul. I am Miss Caron.
Paul	**Enchanté, mademoiselle!** *(awN-shawN-tay mah-dmwah-zehl)* Pleased to meet you, miss!
Mademoiselle Caron	**Qu'est-ce que c'est?** *(kehs kuh seh)* What is this?
Paul	**C'est mon livre de français. J'apprends le français à l'école.** *(seh mohN leevr duh frawN-seh. zhah-prawN luh frawN-seh ah lay-kohl)* This is my French book. I am learning French at school.
Mademoiselle Caron	**De quelle nationalité êtes-vous?** *(duh kehl nah-seeyoh-nah-lee-tay eht voo)* What nationality are you? [Of which nationality are you?]
Paul	**Je suis anglais. Je viens de Londres. Et vous, d'où venez-vous? Vous êtes française?** *(zhuh swee awN-gleh. zhuh veeyehN duh lohNdr. eh voo doo vnay voo. voo zeht frawN-sehz)* I am English. I come from London. And you, where do you come from? You are French?
Mademoiselle Caron	**Oui, je suis française. Je viens de Bordeaux. Maintenant je travaille ici, à Paris, dans une banque. C'est une très grande banque.** *(wee zhuh swee frawN-sehz. zhuh veeyehN duh bohr-doh. mihN-tnawN zhuh trah-vie ee-see ah pah-ree dawN zewn bawNk. seh tewn treh grawNd bawNk)* Yes, I am French. I come from Bordeaux. Now, I am working here, in Paris, in a bank. It's a very large bank.
Paul	**Mon père travaille dans une banque aussi, une banque canadienne à Londres.** *(mohN pehr trah-vie dawN zewn bawNk oh-see ewn bawNk kah-nah-deeyehn ah lohNdr)* My father works in a bank too, a Canadian bank in London.
Mademoiselle Caron	**Est-ce qu'il est canadien?** *(ehs keel eh kah-nah-deeyehN)* Is he Canadian?

Paul	**Non, il n'est pas canadien, il est anglais.** *(nohN eel neh pah kah-nah-deeyehN eel eh tawN-gleh)* No, he is not Canadian, he is English.
Mademoiselle Caron	**Le bus arrive! Au revoir, Paul.** *(luh bews ah-reev. oh rvwahr pohl)* The bus is coming! Bye, Paul.
Paul	**Au revoir, Mademoiselle Caron, et bonne journée!** *(oh rvwahr mah-dmwah-zehl kah-rohN ay bohn zhoor-nay)* Goodbye, Miss Caron. And have a good day!

GRAMMAIRE / GRAMMAR

1. JE SUIS/JE NE SUIS PAS / I AM/I AM NOT

Je suis Madame Sorel.
(zhuh swee mah-dahm soh-rehl)
I am Mrs. Sorel.

Je ne suis pas Paul!
(zhuh nuh swee pah pohl)
I am not Paul.

The negative is formed by putting **ne** (or **n'** when the verb starts with a vowel or a mute **h**) before the verb, and **pas** after the verb. (We have already seen an example of this in the preceding lesson: **C'est un stylo** – **Ce n'est pas un stylo**).

Je suis Paul.
I am Paul.

Je ne suis pas Monsieur Sorel.
I am not Mr. Sorel.

Je suis Nathalie Caron.
I am Nathalie Caron.

Je ne suis pas Madame Sorel.
I am not Mrs. Sorel.

2. VOUS ÊTES/VOUS N'ÊTES PAS / YOU ARE/YOU ARE NOT

Êtes-vous Thomas Sorel?
(eht voo toh-mah soh-rehl)
Are you Thomas Sorel?

Êtes-vous Nathalie Caron?
(eht voo nah-tah-lee kah-rohN)
Are you Nathalie Caron?

Êtes-vous Paul?
(eht voo pohl)
Are you Paul?

The questions listed above are formed by inverting the personal subject pronoun (vous) and the verb (êtes): êtes-vous…?

Vous êtes français. (statement)	Êtes-vous français? (question)
You are French.	Are you French?

Another way to form the interrogative is by putting the words est-ce que before a statement.

Vous êtes français.	Est-ce que vous êtes français?
(statement)	(question)
You are French.	(ehs kuh voo zeht frawN-seh)
	Are you French?

Other examples:
Est-ce que vous êtes Thomas Sorel?
(ehs kuh voo zeht toh-mah soh-rehl)
Are you Thomas Sorel?

Est-ce que vous êtes Paul?
(ehs kuh voo zeht pohl)
Are you Paul?

Ah! Vous n'êtes pas Thomas Sorel,
(ah. voo neht pah toh-mah soh-rehl)
Ah! You are not Thomas Sorel,

vous n'êtes pas Nathalie Caron,
(voo neht pah nah-tah-lee kah-rohN)
you are not Nathalie Caron,

vous n'êtes pas Paul,
(voo neht pah pohl)
you are not Paul,

alors qui êtes-vous?	Répondez:	Je suis…
(ah-lohr kee eht voo)	*(ray-pohN-deh:*	*zhuh swee)*
so who are you?	Answer:	I am…

Bien! Merci.
(beeyehN. mehr-see)
Good! Thank you.

Est-ce que vous êtes belge? (= Êtes-vous belge?)
(ehs kuh voo zeht behlzh) *(= eht voo behlzh)*
Are you Belgian?

Ah! Vous n'êtes pas belge.
Ah! You are not Belgian.

Est-ce que vous êtes suisse?
(ehs kuh voo zeht swees)
Are you Swiss?

Non? De quelle nationalité êtes-vous?
(nohN. duh kehl nah-seeyoh-nah-lee-tay eht voo)
No? What nationality are you?

Répondez: *(ray-pohN-day)* Answer:	Je suis italien. *(zhuh swee zee-tah-leeyehN)* I am Italian.
ou:	espagnol *(ays-pah-nyohl)* Spanish
	anglais *(awN-gleh)* English
	allemand *(ahl-mawN)* German
	japonais *(zhah-poh-neh)* Japanese
	russe *(rews)* Russian
	américain *(ah-may-ree-kehN)* American

---

3. IL EST/IL N'EST PAS / HE IS/HE IS NOT

il est	il n'est pas
he is/it is	he is not/it is not

Monsieur Sorel est canadien.
(muh-syuh soh-rehl eh kah-nah-deeyehN)
Mr. Sorel is Canadian.

Il est canadien.
(eel eh kah-nah-deeyehN)
He is Canadian.

Il n'est pas japonais.
(eel neh pah zhah-poh-neh)
He is not Japanese.

Il n'est pas russe.
(eel neh pah rews)
He isn't Russian.

---

4. ELLE EST/ELLE N'EST PAS / **SHE IS/SHE IS NOT**

elle est	elle n'est pas
she is/it is	she is not/it is not

Et Mademoiselle Caron?
(ay mah-dmwah-zehl kah-rohN)
And Miss Caron?

Est-ce qu' elle est russe?
(ehs kehl eh rews)
Is she Russian?

Non, elle n'est pas russe.
(nohN ehl neh pah rews)
No, she is not Russian.

Elle n'est pas belge.
She isn't Belgian.

Elle n'est pas suisse.
She isn't Swiss.

De quelle nationalité est-elle?
(duh kehl nah-seeyoh-nah-lee-tay eh tehl)
What nationality is she?

Elle est française.
(ehl eh frawN-sehz)
She is French.

13

5. FRANÇAIS OU FRANÇAISE? / **FRENCH: ♂ OR ♀?**

In the above example, français has become française because it applies to Mademoiselle Caron (feminine).

When it is used with a feminine noun, the adjective must be put in the feminine form. Here are the masculine and the feminine forms of some adjectives that we have already encountered:

Masculine	**Feminine**
français	française
japonais	japonaise
anglais	anglaise

In the feminine form, the last syllable "se" is pronounced zz.

américain	américaine
italien	italienne
canadien	canadienne

In the feminine form, the ending is pronounced like the letter n.

allemand	allemande

In the feminine form, the last syllable "de" is pronounced: the "d" is sounded.

espagnol	espagnole

Here, the pronunciation remains the same as for the masculine form.

Exceptionally, some adjectives remain the same in the feminine form:

russe	russe
suisse	suisse
belge	belge

In other words, the adjective agrees with the noun. When the noun is masculine (un), the adjective must be used in its masculine form. Examples of the masculine indefinite article:

un petit garçon
(uhN puh-tee gahr-sohN)
a small boy

(On petit, the last consonant, "t" is not sounded: *puh-tee*)

un grand garçon
(grawN)
a big boy

un garçon américain
an American boy

un petit stylo
a small pen

un petit livre
a small book

un grand bureau
a large desk

un petit exercice
a little exercise

When the noun is feminine (une), the adjective must be used in its feminine form (frequently adding an "e" to the masculine form).

Examples of the feminine definite article:

une petite conversation
(The last consonant, "t," is then sounded: *puh-teet*)

The noun conversation is feminine (like all words ending in "-tion" and "-sion"), so in the above example, the adjective must be petite (and not petit).

une grande banque

Likewise, the noun banque is feminine, so the adjective must be grande (and not grand). Also:

une petite question
a little question

une petite clé
a small key

une grande boîte
a large box

une petite chaise
a small chair

une petite leçon de français
a little French lesson

une grande école
a big school

une école italienne
an Italian school

6. VERBES (ÊTRE/VENIR/TRAVAILLER/ÉTUDIER) / **VERBS (TO BE/TO COME/TO WORK/TO STUDY)**

When learning the conjugation of a new verb, the conjugation will be presented to you with the following subject pronouns in this order:

je	I
tu	you (informal)
il	he/it
elle	she/it
on	one
nous	we
vous	you (formal or plural)
ils ♂/elles ♀	they ♂/♀

We will mention first the infinitive (infinitif) of the verb, and then its conjugation (conjugaison) with the following subject pronouns: je, tu, il/elle, nous, vous, ils/elles.

Notice that **vous** (you) can be used for addressing more than one person. The context will tell whether **vous** is meant in the singular form or in the plural form.

Tu is the familiar "you," singular, used when addressing a friend or a member of one's family.

être
(ehtr)
to be

je suis	je ne suis pas	est-ce que je suis? (suis-je?)
tu es	tu n'es pas	est-ce que tu es? (es-tu?)
il/elle est	il/elle n'est pas	est-ce qu'il/elle est? (est-il/elle?)
nous sommes	nous ne sommes pas	est-ce que nous sommes? (sommes-nous?)
vous êtes	vous n'êtes pas	est-ce que vous êtes? (êtes-vous?)
ils/elles sont	ils/elles ne sont pas	est-ce qu'ils/elles sont? (sont-ils/elles?)

Examples:

Paul n'est pas allemand.
Paul is not German.

Est-ce qu'il est grand?
Is he tall?

Es-tu fatiguée, Sylvie?
Are you tired, Sylvie?

Nous ne sommes pas à Québec.
We are not in Quebec.

Bonjour, monsieur! Bonjour, mademoiselle! Êtes-vous Paul et Nathalie?
Hello, sir! Hello, miss! Are you Paul and Nathalie?

Albert et Nathalie ne sont pas anglais. Ils sont français.
Albert and Nathalie are not English. They are French.

Be careful not to confuse ils sont (they are) and ils ont (they have). There is a difference in pronunciation as well as in spelling.

Example:
Ils sont français et ils ont des passeports français.
They are French and they have French passports.

venir (vuh-neer) to come		
je viens	je ne viens pas	est-ce que je viens?
tu viens	tu ne viens pas	est-ce que tu viens? (viens-tu?)
il/elle vient	il/elle ne vient pas	est-ce qu'il/elle vient? (vient-il/elle?)
nous venons	nous ne venons pas	est-ce que nous venons (venons-nous?)
vous venez	vous ne venez pas	est-ce que vous venez? (venez-vous?)
ils/elles viennent	ils/elles ne viennent pas	est-ce qu'ils/elles viennent? (viennent-ils/elles?)

In the three persons je (I), tu (you, singular), and il (he)/elle (she), the verb is pronounced the same: *veeyehN*.

Examples:

Venez-vous de Paris?
(vuh-nay voo duh pah-ree)
Do you come from Paris?/Are you coming from Paris?

Nathalie Caron vient de Bordeaux.
(nah-tah-lee kah-rohN veeyehN duh bohr-doh)
Nathalie Caron comes from Bordeaux.

Est-ce que tu viens avec nous?
Are you coming with us?

Les amis de Claire viennent ici aujourd'hui.
Claire's friends are coming here today.

Nous ne venons pas ici pour dîner mais pour travailler!
We are not coming here to have dinner, but to work!

travailler *(trah-vie-yay)* to work			
je	travaill-e	je ne travaille pas	est-ce que je travaille?
tu	travaill-es	tu ne travailles pas	est-ce que tu travailles? travailles-tu?
il	travaill-e	il ne travaille pas	travaille-t-il?
elle	travaill-e	elle ne travaille pas	travaille-t-elle?
nous	travaill-ons	nous ne travaillons pas	travaillons-nous?
vous	travaill-ez	vous ne travaillez pas	travaillez-vous?
ils	travaill-ent	ils ne travaillent pas	travaillent-ils?

Examples:

Thomas ne travaille pas dans une banque.
(toh-mah nuh trah-vie pah dawN zewn bawNk)
Thomas doesn't work in a bank.

Où travaille-t-il?
(oo trah-vie teel)
Where does he work?

Note that the letter "t" appears between the verb and the subject in this interrogative form, for ease of pronunciation. We can also see this in the interrogative of our next verb:

étudier
(ay-tew-deeyay)
to study

j'	étudi-e	je n'étudie pas	est-ce que j'étudie?
tu	étudi-es	tu n'étudies pas	est-ce que tu étudies? étudies-tu?
il	étudi-e	il n'étudie pas	étudie-t-il?
elle	étudi-e	elle n'étudie pas	étudie-t-elle?
nous	étudi-ons	nous n'étudions pas	est-ce que nous étudions?
vous	étudi-ez	vous n'étudiez pas	étudiez-vous?
ils	étudi-ent	ils n'étudient pas	est-ce qu'ils étudient?

The above examples show yet another small change for phonetic reasons: je becomes j' and ne becomes n' when the following word (étudie, here) begins with a vowel or a mute h.

Examples: Est-ce que j'étudie le français ou le japonais?
(ehs kuh zhay-tew-dee luh frawN-seh oo luh zhah-poh-neh)
Am I studying French or Japanese?

Notice that j'étudie means "I study" as well as "I am studying," depending on the sentence.

Et Nathalie? Étudie-t-elle à l'école?
(ay nah-tah-lee. ay-tew-dee tehl ah lay-kohl)
And Nathalie? Does she study at school?

VOCABULAIRE / VOCABULARY

présentations: introductions
un arrêt de bus: a bus stop
enchanté♂/enchantée♀ *(ahN-shahN-teh)*: pleased to meet you
s'il vous plaît: please
voici: here is…
qui?: who?
une nationalité: a nationality
de quelle nationalité: what nationality…?
français♂/française♀: French (the nationality)
japonais♂/japonaise♀: Japanese
anglais♂/anglaise♀: English
américain♂/américaine♀: American
canadien♂/canadienne♀: Canadian

italien♂/italienne♀: Italian
allemand♂/allemande♀: German
espagnol♂/espagnole♀: Spanish
belge: Belgian
suisse: Swiss
russe: Russian
un verbe: a verb
être: to be
un infinitif: an infinitive
une conjugaison: a conjugation
travailler: to work
venir: to come
étudier: to study
une banque: a bank
une école: a school
une école de langues: a language school
une langue: a language
le français: French (the language)
le japonais: Japanese (the language)
le russe: Russian (the language)
l'anglais: English (the language)
l'italien: Italian (the language)
un professeur: a teacher
un professeur de français: a teacher of French/a French teacher
une leçon de français: a French lesson
moi: me
ici: here
où: where (oo – the same pronunciation as ou meaning "or")
de: from (as well as "of")
aujourd'hui: today
dîner: to have dinner
d'où: from where (d'où is a contraction of de and où)
Bonne journée!: Have a nice day!
ce♂/cette♀: this

Examples: J'étudie ce verbe. I am studying this verb (masculine).
Cette banque est à Paris. This bank (feminine) is in Paris.

EXERCICES / **EXERCISES**

S'IL VOUS PLAÎT, RÉPONDEZ!

Answer these questions about yourself in French.

Exemple: Êtes-vous professeur de français?
Non, je ne suis pas professeur de français.

1. Est-ce que vous êtes de Paris?

   _____

2. Est-ce que vous êtes de Genève?

   _____

3. Êtes-vous français (ou française)?

   _____

4. Venez-vous de Marseille? _____

5. Est-ce que vous travaillez à Bordeaux?

   _____

6. Etudiez-vous le français? _____

7. Est-ce que vous étudiez le français dans une banque?

   _____

8. Qui êtes-vous et d'où venez vous?

   _____

CHOISISSEZ L'ADJECTIF APPROPRIÉ

Choose the appropriate adjective.

Exemple: Voici un **petit** exercice! (petit/petite)

1. Mademoiselle Carmen est _____. (mexicain/ mexicaine)

2. Monsieur Giuseppe Rossi n'est pas _____. (anglais/anglaise)

3. Est-ce que Madame Schmidt est _____? (allemand/allemande)

4. Vous étudiez dans le livre de _____. (français/ française)

21

5. Est-ce que le bureau de monsieur Sorel est _____?
   (grand/grande)

6. Ce livre est _____. (petit/petite)

7. La chaise de Paul aussi est _____. (petit/petite)

8. Nathalie Caron n'est pas très _____. (grand/
   grande)

Visit www.berlitzpublishing.com for a bonus internet
activity—go to the downloads section and connect to the
world in French!

NATHALIE PART EN VOYAGE
NATHALIE GOES ON A TRIP

Paul   **Nathalie, avez-vous un billet d'avion?**
(nah-tah-lee ah-vay voo uhN bee-yeh dah-veeyohN)
Nathalie, do you have a plane ticket?

Nathalie   **Oui Paul, j'ai un billet d'Air France. Il est dans le sac.**
(wee pohl zheh uhN bee-yeh dehr frawNs. eel eh dawN luh sahk)
Yes Paul, I have an Air France ticket. It's in the bag.

Paul   **Vous avez aussi une valise, n'est-ce pas?**
(voo zah-vay oh-see ewn vah-leez nehs pah)
You also have a suitcase, right?

Nathalie   **Oui, bien sûr! Je voyage avec une grande valise. Dans la valise, j'ai une jupe, un manteau, deux ou trois chemises, etc.**
(wee beeyehN sewr. zhuh vwah-yahzh ah-vehk ewn grawNd vah-leez. dawN la vah-leez zheh ewn zhewp uhN mawN-toh duh zoo trwah shuh-meez ayt-say-tay-rah)

23

Yes, of course! I travel with a large suitcase. In the suitcase, I have a skirt, a coat, two or three shirts, etc.

Paul   **Est-ce que vous avez un passeport?**
(ehs kuh voo zah-vay uhN pahs-pohr)
Do you have a passport?

Nathalie   **Non, je n'ai pas de passeport, mais j'ai une carte d'identité.**
(nohN zhuh neh pah duh pahs-pohr meh zheh ewn kahrt dee-dawN-tee-tay)
No, I don't have a passport, but I have an identity card.

Paul   **Ah, bon. Et où allez-vous? À Marseille?**
(ah bohN. ay oo ah-lay voo. ah mahr-sey)
Ah, OK. And where are you going? To Marseille?

Nathalie   **Non, je ne vais pas à Marseille. Je vais à Bordeaux.**
(nohN zhuh nveh pah zah mahr-sey. zhuh veh zah bohr-doh)
No, I'm not going to Marseille. I'm going to Bordeaux.

Paul   **Est-ce que vous prenez le métro, pour aller à l'aéroport?**
(ehs kuh voo pruh-nay luh may-troh poor ah-lay ah lah-ay-roh-pohr)
Do you take the subway to go to the airport?

Nathalie   **Non, je prends un taxi.**
(nohN zhuh prawN uhN tah-ksee)
No, I take a cab.

Paul   **Quand partez-vous? Aujourd'hui?**
(kawN pahr-tay voo. oh-zhoor-dwee)
When are you leaving? Today?

Nathalie   **Non, non, je pars demain.**
(nohN nohN zhuh pahr duh-mehN)
No, no, I'm leaving tomorrow.

Paul   **À quelle heure?**
(ah kehl uhr)
At what time?

Nathalie   **À trois heures. Vous êtes très curieux, Paul!**
(ah trwah zuhr. voo zeht treh kew-ree-uh pohl)
At three o'clock. You are very nosy, Paul!

Paul   **Mais vous revenez bientôt, n'est-ce pas?**
(meh voo ruh-vnay beeyehN-toh nehs-pah)
But you are coming back soon, right?

Nathalie	Oui, je reviens dans une semaine. J'ai beaucoup de travail ici. C'est tout?
	(wee zhuh ruh-veeyehN dawN zewn suh-mehn. zheh boh-koo duh trah-vie ee-see. seh too)
	Yes, I'm coming back in a week. I have a lot of work here. Is that all?
Paul	Oui. Bon voyage, Nathalie! À bientôt!
	(wee. bohN vwah-yahzh nah-tah-lee. ah beeyehN-toh)
	Yes. Have a good trip, Nathalie! See you soon!
Nathalie	À bientôt, Paul! Travaillez bien!
	(ah beeyehN-toh pohl. trah-vie-yay beeyehN)
	See you soon, Paul! Keep up the good work!

GRAMMAIRE / GRAMMAR

1. J'AI/JE N'AI PAS / I HAVE/I DO NOT HAVE

j'ai	je n'ai pas
(zheh)	*(zhuh neh pah)*
I have	I don't have

J'<u>ai</u> une valise.
(zheh ewn vah-leez)
I have a suitcase.

Je <u>n'ai pas</u> de passeport.
(zhuh neh pah duh pahs-pohr)
I don't have a passport.

Notice the use of the preposition <u>de</u> after an absolute negative:

Je n'ai pas <u>de</u> passeport, instead of <u>un</u> passeport.
Other examples of this:

Je n'ai pas <u>de</u> stylo.
(zhuh neh pah duh stee-loh)
I don't have a pen.

Je n'ai pas <u>de</u> clé.
(zhuh neh pah duh klay)
I don't have a key.

To express the interrogative "Have I…?" or "Do I have…?", the inversion ai-je is not used (too formal). Use the form "est-ce que + statement" instead.

<u>Est-ce que</u> j'ai un billet?
(ehs kuh zheh uhN bee-yeh)
Do I have a ticket?

2. VOUS AVEZ/VOUS N'AVEZ PAS / **YOU HAVE/YOU DO NOT HAVE**

vous avez	vous n'avez pas
(voo zah-vay)	*(voo nah-vay pah)*
you have	you don't have

Est-ce que vous <u>avez</u> un passeport?
(es kuh voo zah-vay uhN pahs-pohr)
Do you have a passport?

<u>Avez</u>-vous un stylo?
(ah-vay voo uhN stee-lo)
Do you have a pen?

<u>Avez</u>-vous un livre?
(ah-vay voo uhN leevr)
Do you have a book?

Qu'est-ce que vous <u>avez</u> dans le sac?
(kehs kuh voo zah-vay dawN luh sahk)
What do you have in the bag?

J'<u>ai</u> un billet d'avion.
I have a plane ticket.

Bien! Merci.
Good! Thank you.

---

3. IL A/IL N'A PAS / **HE HAS/HE DOES NOT HAVE**

il a	il n'a pas
(eel ah)	*(eel nah pah)*
he/it has	he/it does not have

Monsieur Sorel <u>a</u> un livre.
(muh-syuh soh-rehl ah uhN leevr)
Mr. Sorel has a book.

Il <u>a</u> un livre.
(eel ah uhN leevr)
He has a book.

Il <u>n'a pas</u> de stylo.*
(eel nah pah duh stee-loh)
He doesn't have a pen.

*Notice again the absolute negative: pas de stylo (instead of un stylo).

4. ELLE A/ELLE N'A PAS / SHE HAS/SHE DOES NOT HAVE

elle a	elle n'a pas
(ehl ah)	*(ehl nah pah)*
she/it has	she/it does not have

Et Mademoiselle Caron?
(ay mah-dmwah-zel kah-rohN)
And Miss Caron?

Est-ce qu'elle a une valise?
(ehs kehl ah ewn vah-leez)
Does she have a suitcase?

Est-ce qu'elle a une jupe et un manteau?
(ehs kehl ah ewn zhewp eh uhN mawN-toh)
Does she have a skirt and a coat?

Est-ce qu'elle a un passeport?
(ehs kehl ah uhN pahs-pohr)
Does she have a passport?

Non, elle n'a pas de passeport.
(nohN ehl nah pah duh pahs-pohr)
No, she doesn't have a passport.

Elle n'a pas de livre.
She doesn't have a book.

Elle n'a pas de clé.
She doesn't have a key.

---

5. LE/LA / THE (♂ OR ♀)

le *(luh)* is masculine:

un manteau	Quel manteau?	Le manteau de Nathalie!
(uhN mawN-toh)	*(kehl mawN-toh)*	*(luh mawN-toh duh nah-tah-lee)*
a coat	Which coat?	Nathalie's coat! [The coat of Nathalie]
un sac	Quel sac?	Le sac de Nathalie!
(uhN sahk)	*(kehl sahk)*	*(luh sahk duh nah-tah-lee)*
a bag	Which bag?	Nathalie's bag!

Notice the form le manteau de Nathalie. The possessive case with "s" in English (Nathalie's coat, Nathalie's bag) does not exist in French. In order to express possession, use the preposition de ("of") and then the name of the possessor.

Other examples of the masculine definite article:

Le petit garçon, c'est Paul.
(luh puh-tee gahr-sohN seh pohl)
The small boy is Paul.

The repetition of the subject **(le garçon, c'est Paul)** is very common in French, much more so than in English.

Le monsieur, c'est Monsieur Sorel. Il est canadien.
(luh muh-syuh seh muh-syuh soh-rehl. eel eh kah-nah-deeyehN)
The gentleman is Mr. Sorel. He is Canadian.

Voici **le** livre. Il est petit.
Here is the book. It is small.

Voici **le** bureau. Il est très grand.
Here is the desk. It is very large.

Notice, in our last two examples, **il** is used for "it" (the desk or the book, since both words are masculine in French) as well as for "he" (Paul or Mr. Sorel). More examples of this:

J'ai **le** billet. **Il** est ici!
(zheh luh bee-yeh. eel eh tee-see)
I have the ticket. It is here!

Où est **le** manteau? **Il** n'est pas dans **le** sac.
(oo eh luh mawN-toh. eel neh pah dawN luh sahk)
Where is the coat? It's not in the bag.

la *(lah)* is feminine:

une valise	**Quelle valise?**	**La valise de Nathalie!**
(ewn vah-leez)	*(kehl vah-leez)*	*(lah vah-leez duh nah-tah-lee)*
a suitcase	Which suitcase?	Nathalie's suitcase!
une question	**Quelle question?**	**La question de Paul.**
(ewn kehs-teeyohN)	*(kehl kehs-teeyohN)*	*(lah kehs-teeyohN duh pohl)*
a question	What question?	Paul's question.

Other examples of the feminine definite article:

Est-ce que vous avez <u>la grande valise</u>?
Do you have the large suitcase?

Quelle est la réponse?
(kehl eh lah reh-pohNs)
What is the answer?

Quelle banque? <u>La</u> banque où je travaille.
Which bank? The bank where I work.

Et <u>la</u> petit<u>e</u> clé? Où est-<u>elle</u>?
How about the small key? Where is it?

Notice, in our last two examples, elle translates "it" (the key or the bank, since both words are feminine in French) as well as "she".

L' is used before both masculine and feminine nouns starting with a vowel or a mute h.

un aéroport
(uhN nah-ay-roh-pohr)
an airport

l'aéroport de Paris
(lah-ay-roh-pohr duh pah-ree)
the airport of Paris/the Paris airport

une école
(ewn ay-kohl)
a school

l'école où Paul étudie
(lay-kohl oo pohl ay-tew-dee)
the school where Paul studies

Other examples of the definite article <u>L'</u>:

J'étudie le verbe "être", et <u>l'</u>autre verbe, c'est le verbe "avoir."
(zhay-tew-dee luh vehrb ehtr ay loh-truh vehrb seh luh vehrb ah-vwahr)
I am studying the verb "to be," and the other verb is the verb "to have."

Je prends <u>l'</u>avion demain.
(zhuh prawN lah-veeyohN duh-mehN)
I'm taking the plane tomorrow.

In the last example above, notice another similar omission of the final vowel. This time it occurs in the preposition de ("of"), which becomes d' (as in <u>d'</u>Air France). As when le or la becomes l', this happens when the following word begins with a vowel or a mute h.

6. VERBES (AVOIR/VOYAGER/PARTIR/PRENDRE/ALLER) / VERBS (TO HAVE/TO TRAVEL/TO LEAVE/TO TAKE/TO GO)

avoir
(ah-vwahr)
to have

j'ai	je n'ai pas	est-ce que j'ai? (ai-je?)
tu as	tu n'as pas	est-ce que tu as? (as-tu?)
il/elle a	il/elle n'a pas	est-ce qu'il/elle a? (a-t-il/elle?)
nous avons	nous n'avons pas	est-ce que nous avons? (avons-vous?)

vous avez	vous n'avez pas	est-ce que vous avez? (avez-vous?)
ils/elles ont	ils/elles n'ont pas	est-ce qu'ils ont? (ont-ils/elles?)

Just like être in the preceding lesson, avoir is an irregular verb (a verb whose stem sometimes changes).

Je n'<u>ai</u> pas de billet.
(zhuh neh pah duh bee-yeh)
I don't have a ticket.

Est-ce que Paul <u>a</u> une valise?
Does Paul have a suitcase?

Remember that vous (you) can be used for addressing more than one person. The context will tell whether vous is meant in the singular form or in the plural form. Tu is the familiar "you," singular, used when addressing a friend or a member of one's family.

Tu <u>as</u> un billet, Sylvie? Tu viens avec nous?
Do you have a ticket, Sylvie? Are you coming with us?

Now, here are examples with the subject pronouns ils (they, masculine), elles (they, feminine), and nous (we).

Est-ce que M. Sorel et Paul <u>ont</u> des livres? <u>Ont-ils</u> des stylos?
Do Mr. Sorel and Paul have books? Do they have pens?

Mme Sorel et Sylvie <u>ont</u> des valises. <u>Elles n'ont pas</u> rendez-vous ce soir.
Mrs. Sorel and Sylvie have suitcases. They don't have a meeting this evening.

Vous et moi, <u>nous avons</u> beaucoup de travail aujourd'hui.
You and I, we have a lot of work today.

Nous <u>n'avons pas</u> la clé de la valise.
We don't have the key to the suitcase.

Est-ce que nous <u>avons</u> une valise?
Do we have a suitcase?

<u>Avons</u>-nous un sac?
Do we have a bag?

voyager *(vwah-yah-zhay)* to travel			
je	voyag-e	je ne voyage pas	est-ce que je voyage?

tu	voyag-es	tu ne voyages pas	est-ce que tu voyages?
il/elle	voyag-e	il/elle ne voyage pas	est-ce qu'il/elle voyage?
nous	voyageons*	nous ne voyageons* pas	est-ce que nous voyageons*?
vous	voyag-ez	vous ne voyagez pas	est-ce que vous voyagez?
ils/elles	voyag-ent	ils/elles ne voyagent pas	est-ce qu'ils/elles voyagent?

*In the nous form, an extra e is added for pronunciation purposes only.

Just like travailler and étudier in the preceding lesson, voyager is a regular verb (a verb whose stem remains unchanged; the "er" ending is the only part of the verb that changes).

Vous <u>voyagez</u> avec une petite valise.
(voo vwah-yah-zhay ah-vehk ewn puh-teet vah-leez)
You travel with a small suitcase.

partir
(pahr-teer)
to depart/leave/go away

je pars	je ne pars pas	est-ce que je pars?
tu pars	tu ne pars pas	est-ce que tu pars? pars-tu?
il/elle part	il/elle ne part pas	part-il/elle?
nous partons	nous ne partons pas	partons-nous?
vous partez	vous ne partez pas	partez-vous?
ils/elles partent	ils/elles ne partent pas	partent-ils/elles?

Pars and part are pronounced the same: *pahr.*
Partez is pronounced *pahr-teh.*

Thomas <u>ne part pas</u> en voyage.
(toh-mah nuh pahr pah awN vwah-yahzh)
Thomas is not going on a trip.

Je <u>pars</u> demain.
(zhuh pahr duh-mehN)
I am leaving tomorrow.

prendre (prawNdr) to take		
je prends	je ne prends pas	est-ce que je prends...?
tu prends	tu ne prends pas	prends-tu?
il/elle prend	il/elle ne prend pas	prend-il/elle?
nous prenons	nous ne prenons pas	prenons-nous?
vous prenez	vous ne prenez pas	prenez-vous?
ils/elles prennent	ils/elles ne prennent pas	prennent-ils/elles?

Prends and prend are pronounced the same: *prawN*.
Prenez is pronounced *pruh-nay*.

Examples:

Est-ce que je <u>prends</u> l'avion avec vous?
(ehs kuh zhuh prawN lah-veeyohN ah-vehk voo)
Am I taking the plane with you?

<u>Prenez</u>-vous le métro pour aller au bureau?
(pruh-nay voo luh may-troh poor ah-lay oh bew-roh)
Do you take the subway to go to the office?

Comment allez-vous? ("How are you?" See Lesson 1) is an idiomatic expression that uses the verb aller in a figurative way. Most of the time, though, aller is used in its literal meaning: to go.

<u>Allez</u>-vous à Paris?
(ah-lay voo ah pah-ree)
Are you going to Paris?

Nathalie <u>va</u> à l'aéroport.
(nah-tah-lee vah ah lah-ay-roh-pohr)
Nathalie is going to the airport.

Aller is therefore the opposite of venir (seen in the previous lesson).

Paul <u>vient</u> de Londres et Nathalie <u>va</u> à Bordeaux.
(veeyehN) (vah)
Paul comes from London and Nathalie goes to Bordeaux.

Aller is even more irregular than prendre and changes its stem through the conjugation.

aller
(ah-lay)
to go

je vais	je ne vais pas	est-ce que je vais...?
tu vas	tu ne vas pas	est-ce que tu vas? (vas-tu?)
il/elle va	il/elle ne va pas	est-ce qu'il/elle va? (va-t-il/elle?)
nous allons	nous n'allons pas	est-ce que nous allons? (allons-nous?)
vous allez	vous n'allez pas	est-ce que vous allez? (allez-vous?)
ils/elles vont	ils/elles ne vont pas	est-ce qu'ils/elles vont? (vont-ils/elles?)

Be careful not to confuse aller with avoir (to have):
j'ai, il a, vous avez

revenir (same as venir, with the prefix "re-")
(ruh-vuh-neer)
to come back

Nathalie revient de Bordeaux dans une semaine.
(nah-tah-lee ruh-veeyehN duh bohr-doh dawN zewn suh-mehn)
Nathalie is coming back from Bordeaux in a week.

Est-ce que vous revenez ici demain?
(ehs kuh voo ruh-vnay ee-see duh-mehN)
Are you coming back here tomorrow?

Je reviens de la banque.
I'm coming back from the bank.

Où vas-tu ce soir, Claire?
Where are you going this evening, Claire?

Be careful not to confuse ils vont (they go) and ils ont (they have).

M. et Mme Sorel ont des passeports, mais ils ne vont pas à Tokyo.
Mr. and Mrs. Sorel have passports, but they are not going to Tokyo.

VOCABULAIRE / VOCABULARY

partir: to depart/to leave (go away)
à: to/at
à Marseille: to Marseille/at Marseille – in Marseille
à Bordeaux: to Bordeaux/in Bordeaux
partir en voyage: to go on a trip
voyager: to travel

un voyage: a trip/a journey
Bon voyage!: Have a good trip!
revenir: to come back
quand: when
à quelle heure?: at what time? [Lit: at which hour?]
à trois heures: at three o'clock
une semaine: a week
demain: tomorrow
aujourd'hui: today
avoir: to have
une valise: a suitcase
un sac: a bag
une jupe: a skirt
un manteau: a coat/an overcoat
une chemise: a shirt
un passeport: a passport
une carte *(ewn kart)*: a card
une carte d'identité *(ewn kart dee-dahN-tee-teh)*: an identity card
un billet: a ticket
un billet d'avion: a plane ticket
d' (= de): of/from
un avion: a plane
un taxi: a taxi/a cab
le métro: the subway train
un ticket de métro: a subway ticket
aller: to go
pour aller: in order to go
un aéroport: an airport
prendre: to take
prendre le métro: to take the subway
prendre l'avion: to take the plane/to fly (on a plane)
prendre un taxi: to take a cab
travailler: to work
le travail: (the) work
beaucoup de travail: a lot of work
beaucoup: a lot
beaucoup de: a lot of
beaucoup de livres: a lot of books
Travaillez!: Work! (the command form, also called the imperative)
Travaillez bien!: Work well!/Keep up the good work!
bien sûr: of course/sure
avec: with
Ah bon!: Ah, OK!
très: very
curieux: curious/nosy
n'est-ce pas?: right?
dans: in

une semaine: a week
dans une semaine: in a week
tout: all
un ami♂/une amie♀: a friend
une clé: a key
C'est tout? (= Est-ce que c'est tout?): Is that all?

EXERCICE / EXERCISE

RÉPONDEZ D'APRÈS LE DIALOGUE DE LA LEÇON 3

Answer these questions using the Lesson 3 dialogue.

Exemple: Est-ce que Nathalie part en voyage?
Oui, elle part en voyage.

1. Où va-t-elle? _____
2. Part-elle dans une semaine? _____
3. Quand part-elle? _____
4. À quelle heure part-elle? _____
5. Est-ce qu'elle a un passeport ou une carte d'identité?

   _____
6. Est-ce qu'elle voyage avec une valise?

   _____
7. Est-ce que la valise de Nathalie est petite?

   _____
8. Et vous? Partez-vous en voyage avec Nathalie?

   _____
9. Est-ce que Nathalie a un billet d'avion?

   _____
10. Est-ce que ce billet est dans la valise ou dans le sac?

    _____
11. Pour aller à l'aéroport, est-ce que Nathalie prend le métro?

    _____
12. Qu'est-ce qu'elle prend? _____

Exercise A

35

13. Quand revient-elle de Bordeaux?

_____

14. Paul est curieux, n'est-ce pas? _____

15. Est-ce que vous travaillez bien avec ce livre?

_____

Visit www.berlitzpublishing.com for a bonus internet activity—go to the downloads section and connect to the world in French!

QUEL JOUR EST-CE, AUJOURD'HUI?
WHAT DAY IS IT TODAY?

De chez elle, madame Claire Sorel, la femme de Thomas Sorel, téléphone à un ami.
From her home, Mrs. Claire Sorel, wife of Thomas Sorel, is calling a friend on the phone.

Mme Sorel	**Allô, Éric? Bonjour! Comment vas-tu?...** **Moi, je vais bien, merci. Je suis à la maison.** **Quel jour est-ce aujourd'hui? C'est jeudi, n'est-ce pas?** Hello, Eric? How are you?... I am fine, thanks. I am at home. What day is it today? It's Thursday, isn't it?
l'ami, au téléphone	**Jeudi? Mais non, ce n'est pas jeudi! J'ai un calendrier sur mon bureau. Aujourd' hui, c'est vendredi.** Thursday? No, it's not Thursday! I have a calendar on my desk. Today is Friday.
Mme Sorel	**Vendredi? Déjà? C'est vrai.** Friday? Already? It's true.

l'ami, au téléphone	**Eh bien? Qu'est-ce qu'il y a, vendredi?** So? What about Friday?
Mme Sorel	**Eh bien, ce soir, Thomas et moi, nous avons rendez-vous avec des amis... Oh, ce sont des amis du bureau. Ils sont trois: il y a Édouard, Robert et Valérie. Ils sont très gentils.** Well, this evening, Thomas and I are meeting some friends... Oh, they are friends from the office. There are three of them: there is Édouard, Robert and Valérie. They are very nice.
l'ami, au téléphone	**C'est super! Où allez-vous?** That's great! Where are you going?
Mme Sorel	**D'abord, nous allons au théâtre. Tu viens avec nous?** First we are going to the theater. Are you coming with us?
l'ami, au téléphone	**Non, merci. Pas de théâtre pour moi, ce soir. Je suis fatigué.** No thank you. No theater for me tonight. I am tired.
Mme Sorel	**Il y a une très bonne pièce à la Comédie Française. Ensuite, nous allons dîner au restaurant. Ce restaurant est sur la rive gauche, dans le Quartier Latin... Mais quelle heure est-il, maintenant?** There is a very good play at the Comédie Française. Then we are going to have dinner at the restaurant. This restaurant is on the left bank, in the Latin Quarter... But what time is it now?
l'ami, au téléphone	**Il est six heures. C'est bientôt l'heure de partir.** It's six o'clock. It will be time to leave soon.
Mme Sorel	**Comment? Il est déjà six heures? Les amis de Thomas viennent à six heures et demie! Au revoir, Éric!** What? It's already six o'clock? Thomas's friends are coming at half past six! Goodbye, Eric!
l'ami, au téléphone	**Au revoir, Claire! Bonne soirée.** Goodbye, Claire! Have a nice evening.

GRAMMAIRE / **GRAMMAR**

1. DES / **SOME**

un/une –des

J'ai un stylo. – J'ai des stylos.
I have a pen. – I have pens/I have some pens.

J'ai une clé. – J'ai des clés.
I have a key. – I have keys.

In the indefinite plural, the article des is mandatory (unlike "some" in English). The plural is generally formed by adding an "s" to the noun (stylos, clés).

Je pars avec un ami. – Je pars avec des amis.
I am leaving with a friend. – I am leaving with friends.

J'étudie une pièce de théâtre. – J'étudie des pièces de théâtre.
I am studying a play. – I am studying some plays.

Nathalie a une chemise dans la valise. – Nathalie a des chemises dans la valise.
Nathalie has a shirt in the suitcase. – Nathalie has shirts in the suitcase.

This "s" is not pronounced, except in the cases where the following word begins with a vowel or a mute h. The final "s" is then pronounced as a soft "z" linking the two words (as it is between des and amis). Example of linkage (liaison):

J'ai des amis à Paris.
I have friends in Paris.

If there is an adjective, it would also take the form of the plural ("s" usually).

Voici un restaurant italien. – Voici des restaurants italiens.
Here is an Italian restaurant. – Here are some Italian restaurants.

When restaurant is used in the plural (des restaurants), the adjective italien has to be put in the plural too (italiens).

Est-ce que vous avez des billets pour ce soir?
Do you have tickets for this evening?

Oui, j'ai des billets pour ce soir.
Yes, I have tickets for this evening.

But in the negative, remember to use "de" (as we have seen in the preceding lesson):

Non, je n'ai pas de billets pour ce soir.
No, I don't have any tickets for this evening.

---

2. IL Y A/IL N'Y A PAS / **THERE IS/THERE IS NOT**

Notice that **il y a** (which means *there is/there are*) uses the verb "to have" in French.

Il y a un billet d'avion dans le sac.
There is a plane ticket in the bag.

Est-ce qu'il y a un calendrier sur le bureau?
Is there a calendar on the desk?

Non, il n'y a pas de calendrier sur le bureau.
No, there is no calendar on the desk.

Qu'est-ce qu'il y a sur le bureau?
What is there on the desk?

Il y a un stylo et une clé sur le bureau!
There's a pen and a key on the desk!

Qu'est-ce qu'il y a dans la valise de Nathalie?
What is there in Nathalie's suitcase?

---

3. LES / **THE (PLUR.)**

le/la/l' –les

Je prends le billet. – Je prends les billets.
I am taking the ticket. – I am taking the tickets.

Avons-nous la clé? – Avons-nous les clés?
Do we have the key? – Do we have the keys?

Voici l'ami italien de M. et Mme Sorel. – Voici les amis italiens de M. et Mme Sorel.
Here is Mr. and Mrs. Sorel's Italian friend. – Here are Mr. and Mrs. Sorel's Italian friends.

Other examples:

Dans cette valise, il y a les chemises de Nathalie.
In this suitcase, there are Nathalie's shirts.

Je prends <u>les deux billets</u>.
I'm taking the two tickets.

---

4. PRÉPOSITIONS / **PREPOSITIONS** (À/AU/DE/D'/DU)

> à
> to, at

Je vais à la banque.
I am going to the bank.

à la maison
to the house

Vous allez à l'hôtel.
You are going to the hotel.

> à + le = au (mandatory contraction)
> to the

Je vais au théâtre.
I am going to the theater.

au cinéma
to the movie theater

au restaurant
to the restaurant

Here we use au because these words are masculine (le théâtre, le cinéma, le restaurant, le bar, le parc, le musée).

> de (or d')
> of, from

C'est le bureau de Madame Sorel.
It's Mrs. Sorel's desk.

Here, de means "of." It indicates the idea of possession (le bureau de Mme. Sorel: literally, the desk of Mrs. Sorel)

De can also indicate a description:

un numéro de téléphone/un numéro de dossier/un numéro de Sécurité Sociale
a phone number/a file number/a Social Security number

Est-ce que vous avez un billet d'avion? Un billet de 10 euros?
Do you have a plane ticket? A 10 euros bill?

The following examples show de meaning "from":

Je reviens de l'hôtel.
I am coming back from the hotel.

M. Sorel vient de Montréal.
Mr. Sorel comes from Montreal.

D'où venez-vous?
Where do you come from? (d'où?: from where?)

The preposition de can also be part of an expression, such as the expression of quantity beaucoup de (a lot of). Example:

Nous avons beaucoup de travail aujourd'hui.
We have a lot of work today.

> de + le = du (mandatory contraction)
> *(dew)*
> from the, of the

Je reviens du théâtre.
I'm coming back from the theater.

du cinéma
from the movie theater

du restaurant
from the restaurant

As we have used au ("to the"), here we are using du because of the masculine words that follow (le théâtre, le cinéma, le restaurant, le bar, le parc, le musée).

Other examples of du:

le bureau du professeur
the teacher's desk

le numéro du passeport
the passport number

---

5. NOMBRES / NUMBERS (1-10, 20, 25)

1	2	3	4	5
un	deux	trois	quatre	cinq
one	two	three	four	five
6	7	8	9	10
six	sept	huit	neuf	dix
six	seven	eight	nine	ten

Il n'y a pas huit ou neuf pages dans ce livre!
There are not eight or nine pages in this book!

Il y a beaucoup, beaucoup de pages!
There are many, many pages!

À la page numéro quatre.
On page number four.

20	25
vingt	vingt-cinq
twenty	twenty-five

Dans le sac de Nathalie, il y a vingt-cinq euros.
In Nathalie's bag, there are twenty-five euros.

---

6. QUELLE HEURE EST-IL? / **WHAT TIME IS IT?**

Quelle heure est-il?
What time is it?

Il est une heure. Il est 1h00.
It is one o'clock. It is 1:00.

Il est deux heures.
It is two o'clock.

Il est deux heures cinq.
It is five past two.

Il est deux heures dix.
It is ten past two.

Il est deux heures et quart.
It is a quarter past two.

Il est deux heures vingt.
It is twenty past two.

Il est deux heures vingt-cinq.
It is twenty-five past two.

Il est deux heures et demie.
It is half past two.

Il est quatre heures moins cinq.
It is five to four.

Il est six heures dix.
It is ten past six.

Il est sept heures et quart.
It is a quarter past seven.

Il est huit heures et demie.
It is half past eight.

---

7. C'EST/CE SONT / **THIS IS/THESE ARE**

C'est une maison. – Ce sont des maisons.
This is a house. – These are houses.

C'est le livre de Paul. – Ce sont les livres de Paul.
This is Paul's book. – These are Paul's books.

---

8. CE N'EST PAS/CE NE SONT PAS / **THIS IS NOT/THESE ARE NOT**

Ce n'est pas la clé du professeur. – Ce ne sont pas les clés du professeur.
This is not the teacher's key. – These are not the teacher's keys.

Ce n'est pas un stylo. – Ce ne sont pas des stylos.
This is not a pen. – These are not pens.

Est-ce que ce sont les clés du bureau?
Are these the keys to the office?

Non, ce ne sont pas les clés du bureau.
No, they are not the keys to the office.

Est-ce que ce sont des boîtes de chocolats?
Are these boxes of chocolates?

Oui, ce sont des boîtes de chocolats.
Yes, these are boxes of chocolates.

---

9. L'ACCORD DES ADJECTIFS / **THE AGREEMENT OF ADJECTIVES**

We have seen earlier that the adjective agrees in gender (masculine/feminine) with the noun it modifies. And we just saw that it also agrees in number (singular/plural). Therefore, each adjective may have up to 4 different forms:

masculine singular/feminine singular/masculine plural/feminine plural

Here are the four different forms of the adjectives that we have encountered so far:

bon/bonne/bons/bonnes
good

Ce soir, il y a un <u>bon</u> film à la télévision.
Tonight, there is a good movie on television.

Il y a une <u>bonne</u> pièce de théâtre à la Comédie Française.
There is a good play at the Comédie Française.

Est-ce que les restaurants sont <u>bons</u> dans ce quartier?
Are the restaurants good in this neighborhood?

Les réponses ne sont pas très <u>bonnes</u>.
The answers are not very good.

mauvais/mauvais<u>e</u>/mauvai<u>s</u>/mauvais<u>es</u>
bad

Paul n'est pas un mauvai<u>s</u> garçon.
Paul is not a bad kid.

petit/petit<u>e</u>/petit<u>s</u>/petit<u>es</u>
small, little

Les amis de Paul sont petit<u>s</u>.
Paul's friends are little.

grand/grand<u>e</u>/grand<u>s</u>/grand<u>es</u>
big, large

Que<u>ls</u> sont les gran<u>ds</u> musées à Paris?
What are the large museums in Paris?

gentil/gentil<u>le</u>/gentil<u>s</u>/gentil<u>les</u>
nice, kind

Les amis de M. Sorel sont très genti<u>ls</u>.
Mr. Sorel's friends are very nice.

parfait/parfait<u>e</u>/parfait<u>s</u>/parfait<u>es</u>
perfect

Cette réponse est parfait<u>e</u>!
This answer is perfect!

français/français<u>e</u>/françai<u>s</u>/français<u>es</u>
French

japonais/japonais<u>e</u>/japonai<u>s</u>/japonais<u>es</u>
Japanese

anglais/anglais<u>e</u>/anglai<u>s</u>/anglais<u>es</u>
English

américain/américain<u>e</u>/américain<u>s</u>/américain<u>es</u>
American

italien/italienne/italiens/italiennes
Italian

canadien/canadienne/canadiens/canadiennes
Canadian

allemand/allemande/allemands/allemandes
German

espagnol/espagnole/espagnols/espagnoles
Spanish

chinois/chinoise/chinois/chinoises
Chinese

russe/russe/russes/russes
Russian

suisse/suisse/suisses/suisses
Swiss

belge/belge/belges/belges
Belgian

Notice that there are a few exceptions in the formation of certain masculine and/or feminine adjectives. Example:

curieux/curieuse/curieux/curieuses
curious, nosy

Les amis de Paul sont curieux.
Paul's friends are curious.

VOCABULAIRE / VOCABULARY

Mme, as in Mme Sorel (madame Sorel): Mrs.
M., as in M. Sorel (monsieur Sorel): Mr.
Mlle, as in Mlle Caron (mademoiselle Caron): Miss
le téléphone: the phone
être au téléphone: to be talking on the phone
téléphoner: to telephone, to call
    Notice: Mme Sorel téléphone à Sylvie.
    Mrs. Sorel telephones Sylvie. ("to" Sylvie, in French)
Allô?: Hello? (on the phone only)
la poste: the post office
un hôtel: a hotel
un cinéma: a movie theater
un bar: a bar
un parc: a park
un musée: a museum

un théâtre: a theater
une pièce de théâtre: a stage play
la maison: the house
chez Mme Sorel: at Mrs. Sorel's home
chez elle: at her home/at her house
chez moi: at my house
chez vous: at your house
la femme: the wife, the woman
le mari: the husband
un ami♂/une amie♀: a friend
un jour: a day
aujourd'hui: today
ce soir: this evening
une soirée: an evening (an outing, reception, etc.)
Bonne soirée!: Have a nice evening!
un rendez-vous: a meeting of two or more people (not necessarily a date), appointment
Quelle heure est-il?: What time is it?
maintenant: now
une heure: an hour
et demie: and a half
et quart: and a quarter
...moins le quart: a quarter to...
un calendrier: a calendar
lundi: Monday
mardi: Tuesday
mercredi: Wednesday
jeudi: Thursday
vendredi: Friday
samedi: Saturday
dimanche: Sunday
sur: on
sur le bureau: on the desk
sur la rive gauche: on the left bank
sur la rive droite: on the right bank
gauche: left
droit♂/droite♀: right
à gauche: on the left
à droite: on the right
déjà: already
vrai♂/vraie♀: true
faux♂/fausse♀: false
Eh bien?: So?
Eh bien,...: Well,...
il y a: there is/there are
il n'y a pas: there isn't/there aren't

y a-t-il…? (or **est-ce qu'il y a…?**): is there/are there…?
gentil♂/**gentille**♀: nice
super: great
d'abord: first of all/in the first place
ensuite: then
dîner: to have dinner
le chocolat: chocolate
un quartier: a neighborhood
le Quartier Latin: the Latin Quarter (in Paris)
un dossier: a file

EXERCICES / **EXERCISES**

COMPTEZ DE UN À DIX (EN FRANÇAIS, BIEN SÛR)

Count from 1 to 10 in French, of course!

QUELLE HEURE EST-IL?

What time is it? Tell the time in French. Example: <u>il est 2 heures</u> (it is 2 o'clock)

(a) It is a quarter to ten.

_____

(b) It is half past seven.

_____

(c) It is five to one.

_____

(d) It is five twenty.

_____

(e) It is twenty-five to nine.

_____

RÉPONDEZ D'APRÈS LE DIALOGUE

Answer these questions using the Lesson 4 dialogue.

1. Est-ce que Mme Sorel est chez elle ou à la poste?

_____

2. Téléphone-t-elle à M. Sorel ou à un ami?

_____

3. Est-ce que cet ami travaille dans un bureau?

   _____

4. A-t-il un calendrier? _____

5. Où est ce calendrier? _____

6. Est-ce que Mme Sorel a rendez-vous avec vous?

   _____

7. A-t-elle rendez-vous avec des amis?

   _____

8. Quand a-t-elle rendez-vous, jeudi soir ou vendredi soir?

   _____

9. Est-ce que les amis de M. et Mme Sorel sont gentils?

   _____

10. Y a-t-il une bonne pièce ce soir, à la Comédie Française?

    _____

11. Où est le restaurant, sur la rive droite ou sur la rive gauche?

    _____

12. À quelle heure viennent Édouard, Robert et Valérie?

    _____

Visit www.berlitzpublishing.com for a bonus internet activity—go to the downloads section and connect to the world in French!

5   COMBIEN DE LETTRES Y A-T-IL?
HOW MANY LETTERS ARE THERE?

	la directrice	**Ah, Martin! Vous êtes à l'heure! C'est bien, parce que nous avons beaucoup de travail aujourd'hui!**
		Ah, Martin! You are on time! That's good, because we have a lot of work today!
	l'employé	**Oui, je sais. Il y a des lettres à envoyer.**
		Yes, I know. There are some letters to be mailed.
	la directrice	**Combien de lettres y a-t-il?**
		How many letters are there?
	l'employé	**Il y a cent vingt-cinq lettres.**
		There are a hundred and twenty-five letters.
	la directrice	**Cent vingt-cinq! Oh là là! Quel travail!**
		A hundred and twenty-five! My goodness! What a job!
	l'employé	**Mais avec mon ordinateur, ça va vite. Et nous pouvons envoyer ces lettres par e-mail!**
		But with my computer, it goes fast. And we can send those letters by e-mail!

la directrice	**Bon, alors asseyez-vous, et commencez à taper, voulez-vous? Avez-vous la liste des clients?** OK. Sit down then, and start typing, will you? Do you have the list of the clients?
l'employé	**Oui. J'ai la liste et les adresses e-mail.** Yes, I do. I have the list and the e-mail addresses.
la directrice	**Très bien. Et appelez ma secrétaire, s'il vous plaît. Je ne sais pas pourquoi elle ne répond pas au téléphone.** Very well. And please, call my secretary. I don't know why she is not answering the phone.
l'employé	**Bien, madame, tout de suite.** Yes, ma'am, right away.

GRAMMAIRE / GRAMMAR

1. VERBES (SAVOIR/POUVOIR) / **VERBS (TO KNOW/TO BE ABLE TO)**

savoir
(sah-vwahr)
to know/to know how

je sais	je ne sais pas	est-ce que je sais...?
tu sais	tu ne sais pas	est-ce que tu sais...? sais-tu?
il/elle sait	il/elle ne sait pas	sait-il/sait-elle...?
nous savons	nous ne savons pas	savons-nous...?
vous savez	vous ne savez pas	savez-vous...?
ils/elles savent	ils/elles ne savent pas	savent-ils...?

Je ne <u>sais</u> pas le numéro de téléphone de Mme Sorel.
I don't know Mrs. Sorel's phone number.

<u>Sais</u>-tu où est la sécrétaire?
Do you know where the secretary is?

<u>Savez</u>-vous quand Nathalie part en voyage?
Do you know when Nathalie is leaving on a trip?

<u>Savons</u>-nous où est la sécrétaire?
Do we know where the secretary is?

The verb savoir is also often used with the infinitive of another verb.

Est-ce que vous savez compter en français?
Do you know how to count in French?

Oui, je sais!
Yes, I know!

But when the verb "to know" instead means "to be acquainted with" (example: to know a person), it is translated by another verb in French: connaître. (We will come back to this point later in the book.)

pouvoir
(poo-vwahr)
can/to be able to

je peux	je ne peux pas	est-ce que je peux...?
tu peux	tu ne peux pas	peux-tu...?
il/elle peut	il/elle ne peut pas	peut-il/peut-elle...?
nous pouvons	nous ne pouvons pas	pouvons-nous...?
vous pouvez	vous ne pouvez pas	pouvez-vous...?
ils/elles peuvent	ils/elles ne peuvent pas	peuvent-ils...?

The verb pouvoir is used before the infinitive of another verb (as is often the case also with the verb savoir studied above).

Paul peut aller à l'école en bus.
Paul can go to school by bus.

Nous pouvons prendre le métro.
We can take the subway.

Est-ce que tu peux venir avec moi au cinéma?
Can you come with me to the movies?

Je peux taper la lettre sur l'ordinateur.
I can type the letter on the computer.

---

2. NOMBRES / NUMBERS (11-20, 30-100, 125)

11	12	13	14	15
onze	douze	treize	quatorze	quinze
eleven	twelve	thirteen	fourteen	fifteen

16	17	18	19	20
seize	dix-sept	dix-huit	dix-neuf	vingt
sixteen	seventeen	eighteen	nineteen	twenty

30	40	50
trente	quarante	cinquante
thirty	forty	fifty

60	70	80
soixante	soixante-dix	quatre-vingts
sixty	seventy	eighty

90	100	125
quatre-vingt-dix	cent	cent vingt-cinq
ninety	a hundred	a hundred and twenty-five

3. COMBIEN DE...? / HOW MANY/HOW MUCH...?

combien de?
how many/how much?

Combien de clés avez-vous?
How many keys do you have?

Je ne sais pas combien d'employés travaillent dans ce bureau.
I don't know how many employees work in this office.

Combien y-a t-il d'ordinateurs?
How many computers are there?

4. VERBES (APPELER/TAPER/ENVOYER/COMMENCER/FINIR) / VERBS (TO CALL/TO TYPE/TO SEND/TO BEGIN/TO FINISH)

Appeler is a regular verb ending in "er" (same endings as other regular verbs ending in "er", such as travailler, voyager, étudier). Notice, however, its minor change in spelling (appelons/appelle):

appeler
(ah-play)
to call

j'appell-e	je n'appelle pas	est-ce que j'appelle...?
tu appell-es	tu n'appelles pas	appelles-tu...?
il appell-e	il n'appelle pas	appelle-t-il...?

53

elle appell-e	elle n'appelle pas	appelle-t-elle…?
nous appel-ons	nous n'appelons pas	appelons-nous…?
vous appel-ez	vous n'appelez pas	appelez-vous…?
ils appell-ent	ils n'appellent pas	appellent-ils…?
elles appell-ent	elles n'appellent pas	appellent-elles…?

Le patron <u>appelle</u> la sécretaire.
The boss is calling the secretary.

Nous <u>appelons</u> un taxi: "Taxi!"
We are calling a cab: "Taxi!"

Mme Sorel <u>n'appelle pas</u> Nathalie au téléphone.
Mrs. Sorel is not calling Nathalie on the phone.

> taper
> *(tah-pay)*
> to type

<u>Taper</u> is a regular verb ending in "er" (same endings as other regular verbs ending in "er", such as travailler, voyager, étudier, appeler).

L'employé <u>tape</u> une lettre pour le directeur.
The employee is typing a letter for the director.

Est-ce que vous savez <u>taper</u>?
Do you know how to type?

Les sécrétaires <u>tapent</u> vite!
Secretaries type fast!

<u>Envoyer</u> is a regular verb ending in "er," despite a minor change in spelling (envoyons – envoie).

envoyer *(awN-vwah-yay)* to send		
j'envoi-e	je n'envoie pas	est-ce que j'envoie…?
tu envoi-es	tu n'envoies pas	envoies-tu…?
il envoi-e	il n'envoie pas	envoie-t-il…?
elle envoi-e	elle n'envoie pas	envoie-t-elle…?
nous envoy-ons	nous n'envoyons pas	envoyons-nous…?

vous envoy-ez	vous n'envoyez pas	envoyez-vous…?
ils envoi-ent	ils n'envoient pas	envoient-ils…?
elles envoi-ent	elles n'envoient pas	envoient-elles…?

Est-ce que nous <u>envoyons</u> cette lettre par la poste?
Are we sending this letter through the post office?

Tu <u>envoies</u> les lettres par e-mail.
You are sending the letters by e-mail.

<u>Commencer</u> is a regular verb ending in "er," despite a minor change in spelling (commen<u>c</u>e/commençons). The letter "ç" keeps the "s" sound of the infinitive.

commencer
(koh-mawN-say)
to begin/to start

je commenc-e	je ne commence pas	est-ce que je commence…?
tu commenc-es	tu ne commences pas	commences-tu…?
il/elle commenc-e	il/elle ne commence pas	commence-t-il/elle…?
nous commenç-ons	nous ne commençons pas	commençons-nous…?
vous commenc-ez	vous ne commencez pas	commencez-vous…?
ils/elles commenc-ent	ils/elles ne commencent pas	commencent-ils/elles…?

Nous <u>commençons</u> à travailler à neuf heures.
We start working at nine.

Le film <u>commence</u> dans vingt minutes.
The movie begins in twenty minutes.

<u>Finir</u>, the opposite of **commencer**, belongs to the second group of regular verbs: verbs ending in "ir" (the first group was "er").

finir
(fee-neer)
to finish/to end

je fin-is	je ne finis pas	est-ce que je finis...?
tu fin-is	tu ne finis pas	finis-tu...?
il fin-it	il ne finit pas	finit-il...?
nous fin-issons	nous ne finissons pas	finissons-nous...?
vous fin-issez	vous ne finissez pas	finissez-vous...?
ils fin-issent	ils ne finissent pas	finissent-ils...?

Notice the "ss" in the plural persons. This is typical of most regular verbs ending in "ir" like finir.

À quelle heure finissez-vous au bureau?
What time do you finish at the office?

Est-ce que tu finis la lettre?
Are you finishing the letter?

But remember that a verb that has an infinitive ending in "er" or "ir" can occasionally be irregular (no "ss" like finir). For instance, partir, studied earlier in Lesson 3, is irregular: nous partons, vous partez, ils partent.

---

5. CE/CETTE/CET/CES / THIS/THESE

In Lesson 2, we saw that the demonstrative "this" (or "that") is translated in French by ce when the following noun is masculine (un livre - ce livre), or by cette when the following noun is feminine (une maison - cette maison).

It can also be translated by cet when the following masculine noun begins with a vowel or a mute h (un aéroport - cet aéroport).

Qui est cet étudiant?
Who is this student?

Qui est ce monsieur?
Who is this gentleman?

Nathalie travaille dans une banque. Cette banque est à Paris.
Nathalie works in a bank. That bank is in Paris.

The plural of ce, cet and cette is ces.

Qui sont ces étudiants?
Who are these students?

Tapez <u>ces</u> lettres, s'il vous plaît.
Type these letters please.

Connaissez-vous cet employé? Connaissez-vous <u>ces</u> employés?
Do you know this employee? Do you know these employees?

---

6. L'IMPÉRATIF / **THE IMPERATIVE**

S'il vous plaît, <u>commencez</u>!
Please, begin!

<u>Appelez</u> ma secrétaire!
Call my secretary!

<u>Venez</u> ici!
Come here!

<u>Ne partez pas</u>!
Don't go!

<u>Revenez</u> vite!
Come back soon!

<u>Répondez</u> à la question!
Answer the question!
[Answer to]

What do these have in common? They are all commands! They are the command (or imperative) form of the verbs:

commencer	appeler	venir
partir	revenir	répondre

The imperative is the "vous" form of the verb, but without the subject pronoun "vous." Example: Vous étudiez. – Étudiez!

For the familiar form <u>tu,</u> the imperative also sounds like the verb without the subject pronoun <u>tu</u>. Example: Tu viens. – <u>Viens</u>!

For reflexive verbs (we will study them later), there is another form of imperative, as shown in our previous dialogue: <u>Asseyez-vous</u>! Sit down!

VOCABULAIRE / **VOCABULARY**

le directeur♂/la directrice♀: the director
le patron♂/la patronne♀, le boss♂/la boss♀: the boss
un employé♂/une employée♀: an employee
être à l'heure: to be on time

savoir: to know/to know how
pouvoir: can/to be able to
envoyer: to send
commencer: to begin/to start
appeler: to call
répondre: to answer
répondre au téléphone: to answer the phone
taper: to type
répéter: to repeat
choisir: to choose
une lettre: a letter
combien?: how many?/how much?
onze: eleven
douze: twelve
treize: thirteen
quatorze: fourteen
quinze: fifteen
seize: sixteen
dix-sept: seventeen
dix-huit: eighteen
dix-neuf: nineteen
vingt: twenty
trente: thirty
quarante: forty
cinquante: fifty
soixante: sixty
soixante-dix: seventy
quatre-vingts: eighty
quatre-vingts-dix: ninety
cent: one hundred
cent vingt-cinq: one hundred and twenty-five
par: by/through
par e-mail: by e-mail
un e-mail/un mail/un courriel: an e-mail
un ordinateur: a computer
un client: a client
la secrétaire: the secretary
pourquoi?: why?
parce que: because
voulez-vous?: do you want?/will you?/please?
une liste: a list
l'impératif: the imperative
Quel travail!: What a job!
vite: quickly
ça va vite: it goes quickly/it's fast
ce ♂/cet ♂/cette ♀: this

ces: these/those
Asseyez-vous!: Sit down!
tout de suite: right away

EXERCICES / **EXERCISES**

COMPTEZ DE DIX À VINGT

Count from 10 to 20 in French.

Exercise A

ÉCRIVEZ!

Write down the following numbers in French.

23 : vingt-trois	64 :	
25 :	70 :	
30 :	80 :	
35 :	90 :	
40 :	100 :	
53 :	122 :	
60 :		

Exercise B

QUELS SONT LES SEPT JOURS DE LA SEMAINE?

What are the 7 days of the week?

-Ce sont: lundi, _____, _____,

_____, _____, _____,

_____.

Exercise C

RÉPONDEZ D'APRÈS LE DIALOGUE

Answer the following questions using the Lesson 5 dialogue.

1. Est-ce que l'employé est à l'heure?

_____

2. Est-ce que la directrice et l'employé ont beaucoup de travail aujourd'hui?_____

3. Y a-t-il des lettres ou des boîtes à envoyer?

_____

4. Combien de lettres y a-t-il? _____

5. Est-ce que l'employé envoie ces lettres par la poste?

_____

6. Peut-il envoyer ces lettres par e-mail?

_____

7. Qui commence à taper les lettres, la directrice ou l'employé?

_____

8. Y a-t-il un ordinateur dans ce bureau?

_____

9. Est-ce qu'il y a une liste des clients?

_____

10. Êtes-vous sur cette liste? _____

Visit www.berlitzpublishing.com for a bonus internet activity—go to the downloads section and connect to the world in French!

REVIEW: LESSONS 1-5

Réécoutez et relisez à haute voix les dialogues 1 à 5.
Listen again and reread out loud dialogues 1 through 5.

Dialogue 1 BONJOUR!

Madame Sorel	**Bonjour, Paul!**
Paul	**Bonjour, madame! Ça va?**
Madame Sorel	**Oui, ça va bien, merci. Et vous, Paul, comment allez-vous?**
Paul	**Très bien, merci.**
Madame Sorel	**Révisons le vocabulaire, Paul! Vous êtes prêt?**
Paul	**Oui, madame.**
Madame Sorel	**Ça...Est-ce que c'est un stylo?**
Paul	**Oui, c'est un stylo.**

Madame Sorel	Et ça? Est-ce que c'est un stylo ou une clé?
Paul	Ça, c'est une clé!
Madame Sorel	Bien! Et ça? Est-ce que c'est aussi une clé?
Paul	Non, madame. Ce n'est pas une clé!
Madame Sorel	Qu'est-ce que c'est?
Paul	C'est un livre! C'est un livre de français.
Madame Sorel	Très bien, Paul! Vous connaissez bien votre vocabulaire. Félicitations!
Paul	Merci. Au revoir, madame. À bientôt.

Dialogue 2 PRÉSENTATIONS

À l'arrêt de bus, Paul fait la connaissance de mademoiselle Caron.

Paul	Bonjour, mademoiselle! Comment allez-vous?
Mademoiselle Caron	Je vais bien, merci. Comment vous appelez-vous?
Paul	Je m'appelle Paul.
Mademoiselle Caron	Enchantée, Paul! Je suis mademoiselle Caron.
Paul	Enchanté, mademoiselle!
Mademoiselle Caron	Qu'est-ce que c'est?
Paul	C'est mon livre de français. J'apprends le français à l'école.
Mademoiselle Caron	De quelle nationalité êtes-vous?
Paul	Je suis anglais. Je viens de Londres. Et vous, d'où venez-vous? Vous êtes française?
Mademoiselle Caron	Oui, je suis française. Je viens de Bordeaux. Maintenant je travaille ici, à Paris, dans une banque. C'est une très grande banque.
Paul	Mon père travaille dans une banque aussi, une banque canadienne à Londres.

Mademoiselle Caron	Est-ce qu'il est canadien?
Paul	Non, il n'est pas canadien, il est anglais.
Mademoiselle Caron	Le bus arrive! Au revoir, Paul.
Paul	Au revoir, Mademoiselle Caron, et bonne journée!

Dialogue 3   NATHALIE PART EN VOYAGE

Paul	Nathalie, avez-vous un billet d'avion?
Nathalie	Oui Paul, j'ai un billet d'Air France. Il est dans le sac.
Paul	Vous avez aussi une valise, n'est-ce pas?
Nathalie	Oui, bien sûr! Je voyage avec une grande valise. Dans la valise, j'ai une jupe, un manteau, deux ou trois chemises, etc.
Paul	Est-ce que vous avez un passeport?
Nathalie	Non, je n'ai pas de passeport, mais j'ai une carte d'identité.
Paul	Ah, bon. Et où allez-vous? À Marseille?
Nathalie	Non, je ne vais pas à Marseille. Je vais à Bordeaux.
Paul	Est-ce que vous prenez le métro, pour aller à l'aéroport?
Nathalie	Non, je prends un taxi.
Paul	Quand partez-vous? Aujourd'hui?
Nathalie	Non, non, je pars demain.
Paul	À quelle heure?
Nathalie	À trois heures. Vous êtes très curieux, Paul!
Paul	Mais vous revenez bientôt, n'est-ce pas?
Nathalie	Oui, je reviens dans une semaine. J'ai beaucoup de travail ici. C'est tout?
Paul	Oui. Bon voyage, Nathalie! À bientôt!
Nathalie	À bientôt, Paul! Travaillez bien!

Dialogue 4   QUEL JOUR EST-CE, AUJOURD'HUI?

De chez elle, madame Claire Sorel, la femme de Thomas Sorel, téléphone à un ami.

Mme Sorel	Allô, Éric? Bonjour! Comment vas-tu? Moi, je vais bien, merci. Je suis à la maison. Quel jour est-ce aujourd'hui? C'est jeudi, n'est-ce pas?
l'ami, au téléphone	Jeudi? Mais non, ce n'est pas jeudi! J'ai un calendrier sur mon bureau. Aujourd' hui, c'est vendredi.
Mme Sorel	Vendredi? Déjà? C'est vrai.
l'ami, au téléphone	Eh bien? Qu'est-ce qu'il y a, vendredi?
Mme Sorel	Eh bien, ce soir, Thomas et moi, nous avons rendez-vous avec des amis... Oh, ce sont des amis du bureau. Ils sont trois: il y a Édouard, Robert et Valérie. Ils sont très gentils.
l'ami, au téléphone	C'est super! Où allez-vous?
Mme Sorel	D'abord, nous allons au théâtre. Tu viens avec nous?
l'ami, au téléphone	Non, merci. Pas de théâtre pour moi, ce soir. Je suis fatigué.
Mme Sorel	Il y a une très bonne pièce à la Comédie Française. Ensuite, nous allons dîner au restaurant. Ce restaurant est sur la rive gauche, dans le Quartier Latin... Mais quelle heure est-il, maintenant?
l'ami, au téléphone	Il est six heures. C'est bientôt l'heure de partir.
Mme Sorel	Comment? Il est déjà six heures? Les amis de Thomas viennent à six heures et demie! Au revoir, Éric!
l'ami, au téléphone	Au revoir, Claire! Bonne soirée.

Dialogue 5 COMBIEN DE LETTRES Y A-T-IL?

la directrice	Ah, Martin! Vous êtes à l'heure! C'est bien, parce que nous avons beaucoup de travail aujourd'hui!
l'employé	Oui, je sais. Il y a des lettres à envoyer.
la directrice	Combien de lettres y a-t-il?
l'employé	Il y a cent vingt-cinq lettres.
la directrice	Cent vingt-cinq! Oh là là! Quel travail!
l'employé	Mais avec mon ordinateur, ça va vite. Et nous pouvons envoyer ces lettres par e-mail!
la directrice	Bon, alors asseyez-vous, et commencez à taper, voulez-vous? Avez-vous la liste des clients?
l'employé	Oui. J'ai la liste et les adresses e-mail.
la directrice	Très bien. Et appelez ma secrétaire, s'il vous plaît. Je ne sais pas pourquoi elle ne répond pas au téléphone.
l'employé	Bien, madame, tout de suite.

VOCABULAIRE SUPPLÉMENTAIRE / EXTRA VOCABULARY

une récapitulation: a recapitulation/review
une page: a page
un dialogue: a dialogue
un exercice: an exercise
une phrase: a sentence
complétez les phrases: complete the sentences
choisissez: choose (choisir: to choose)
un mot: a word
un adjectif: an adjective
masculin: masculine
féminin: feminine
singulier: singular
pluriel: plural
un article: an article
une préposition: a preposition
la prononciation: the pronunciation
approprié♂/appropriée♀: appropriate

EXERCICES / **EXERCISES**

CHOISISSEZ L'ARTICLE DÉFINI APPROPRIÉ

Choose the appropriate definite article: **le, la, l'** or **les.**

Exemples: la question
les clés
l'aéroport
le dialogue

1. _____ conversation		21. _____ restaurants
2. _____ banques		22. _____ Comédie Française
3. _____ école		23. _____ rive gauche
4. _____ billet		24. _____ Quartier Latin
5. _____ présentations		25. _____ soirée
6. _____ maison		26. _____ travail
7. _____ manteau		27. _____ patrons
8. _____ jupes		28. _____ employé
9. _____ identité		29. _____ lettres
10. _____ métro		30. _____ ordinateur
11. _____ taxis		31. _____ liste
12. _____ heure		32. _____ numéros
13. _____ jour		33. _____ chaise
14. _____ nuit		34. _____ leçons
15. _____ femme		35. _____ bureau
16. _____ ami		36. _____ secrétaires
17. _____ amie		37. _____ vocabulaire
18. _____ amis		38. _____ mot
19. _____ amies		39. _____ exercices
20. _____ calendrier		40. _____ prononciation

COMPLÉTEZ LES PHRASES

Complete these sentences with the correct form of the verb in the present tense.

Exemples: (savoir) Je ne <u>sais</u> pas quelle heure il est.
(étudier) Nous <u>étudions</u> le français.

1. (voyager) Nathalie ne _____ pas en train.

2. (être) Les valises _____ à l'aéroport.

3. (partir) A quelle heure _____ -vous?

4. (appeler) Est-ce que j' _____ un taxi?

5. (taper) Cet employé _____ une lettre pour la directrice.

6. (avoir) Les employés _____ des ordinateurs.

7. (être) Qui _____ -vous?

8. (travailler) Où _____ -vous?

9. (envoyer) S'il vous plaît, _____ la lettre par e-mail!

10. (aller) Où _____ -tu, Paul?

11. (venir) Est-ce que tu _____ au cinéma avec nous?

12. (finir) Le film _____ à 23h.

13. (être) Nous ne _____ pas français.

14. (pouvoir) Je _____ faire cet exercice!

15. (répondre) Est-ce que vous pouvez _____ à cette question?

16. (étudier) Avec ce livre, tu n' _____ pas l'anglais!

17. (voyager) Ces garçons _____ en train.

18. (partir) Nous _____ à huit heures.

19. (être) Tu n' _____ pas gentil, Paul!

20. (avoir) Qu'est-ce que tu _____ dans cette valise?

Exercise C

CHOISISSEZ LE MOT APPROPRIÉ

Choose the appropriate word.

Exemple: J'étudie avec ce <u>livre</u> de français. (stylo/billet/livre)

1. Il est japonais et elle est japonaise _____.
   (pas/aussi/très bien)

2. De quelle _____ êtes-vous?
   (clé/nationalité/heure)

3. Nathalie Caron va _____ Bordeaux.
   (au/à la/à)

4. Ce monsieur n'a pas _____ carte d'identité.
   (du/de la/de)

5. Qui est _____ petit garçon?
   (ce/cette/ces)

6. Je voyage _____ une grande valise.
   (dans/avec/pour)

7. Mon _____ est dans le sac.
   (passeport/directeur/amie)

8. Quelle est la _____ à cette question?
   (réponse/carte d'identité/lettre)

9. Aujourd'hui, ce n'est _____ jeudi.
   (bien/calendrier/pas)

10. Édouard et Robert sont très _____.
    (gentil/gentils/gentille)

11. Il est six heures _____ demie.
    (moins/et/avec)

12. Qu'est-ce qu'il y a dans _____ boîte?
    (le/la/l')

13. J'ai beaucoup _____ travail au bureau.
    (du/de la/de)

14. Cette école, est-ce que c'est _____ école de
    Paul? (le/la/l')

Visit www.berlitzpublishing.com for a bonus internet
activity—go to the downloads section and connect to the
world in French!

L'ADDITION, S'IL VOUS PLAÎT!
THE CHECK, PLEASE!

C'est dimanche matin. Il est dix heures. Nathalie et un ami, Albert, sont assis à la terrasse d'un café. Ils lisent le menu du petit déjeuner.
It's Sunday morning. It is ten o'clock. Nathalie and a friend, Albert, are seated on the terrace of a sidewalk café. They are reading the breakfast menu.

Nathalie	**Qu'est-ce que tu vas prendre, toi?** What are you going to have?
Albert	**Je n'ai pas très faim. Je vais seulement commander un café au lait et un croissant. Et toi?** I am not very hungry. I am only going to order coffee with milk and a croissant. What about you?
Nathalie	**Moi, j'ai faim ce matin! Je voudrais un thé au citron, une tartine de pain beurré, une brioche et de la confiture.** I am hungry this morning! I would like tea with lemon, a slice of bread with butter, a brioche, and some jam.

Albert	Je vais appeler le serveur. Au fait, qu'est-ce que tu fais cet après-midi, Nathalie?
	I am going to call the waiter. By the way, what are you doing this afternoon, Nathalie?
Nathalie	Rien de spécial. Et toi?
	Nothing special. And you?
Albert	Moi non plus. Rien. Il y a un cinéma dans le quartier. On y va? Justement, il y a le nouveau film de François Ozon.
	Me neither. Nothing. There is a movie theater in the neighborhood. Shall we go? Actually, they are showing François Ozon's new film.
Nathalie	D'accord. J'adore les films d'Ozon. Tu sais à quelle heure ça commence?
	OK. I love Ozon's films. Do you know at what time it starts?
Albert	Oui, à quatorze heures trente. En attendant, on peut aller se promener au marché aux puces. C'est toujours intéressant.
	Yes, at 2:30. Meanwhile, we can go walk around in the flea market. It's always interesting.
Nathalie	Bonne idée! Allons-y tout de suite après le petit déjeuner.
	Good idea! Let's go (there) right after breakfast.
Albert	Oui, pourquoi pas? Ah, enfin! Voici le garçon qui vient prendre notre commande!
	Yes, why not? Well, finally! Here is the waiter who's coming to take our order.

GRAMMAIRE / GRAMMAR

1. VERBES (FAIRE) / VERBS (TO DO/TO MAKE)

faire
to do/to make

je	fais	je ne fais pas	est-ce que je fais?
tu	fais	tu ne fais pas	fais-tu?
il/elle	fait	il/elle ne fait pas	fait-il/fait-elle?
nous	faisons	nous ne faisons pas	faisons-nous?

| vous | faites | vous ne faites pas | faites-vous? |
| ils/elles | font | ils/elles ne font pas | font-ils? |

fais/fait *(feh)*
on *(ohN)*
faites *(fet)*
font *(fohN)*

Je <u>fais</u> mon travail sur l'ordinateur.
I do my work on the computer.

Les étudiants <u>font</u> des exercices de français.
The students are doing French exercises.

Qu'est-ce que <u>vous faites</u> ce soir?
What are you doing this evening?

Ça fait sept euros.
It is seven euros.

Nous allons <u>faire</u> un voyage.
We're going to take a trip.

On va <u>faire</u> du shopping!
We're going shopping!

---

2. LE PRONOM SUJET "ON" / THE SUBJECT PRONOUN "ON"

The last example in the above section shows that <u>nous</u> and <u>on</u> often have the same meaning ("we"). However, <u>on</u> always uses the third person <u>singular</u> of the verb. Examples:

On <u>va</u> au cinéma. = Nous allons au cinéma.
We are going to the movies.

On ne <u>part</u> pas. = Nous ne partons pas.
We are not leaving.

Est-ce qu'on <u>étudie</u> le français? = Est-ce que nous étudions le français?
Do we study French?

Note that the subject pronoun "on" is often used also to convey the idea of an indefinite subject (such as "one", "somebody", or "people" in English). Examples:

En Chine, on parle chinois.
In China, people speak Chinese.

On frappe à la porte!
Somebody is knocking at the door!

3. VERBE (PRENDRE) / **VERB (TO TAKE)**

prendre
to take

je	prends	je ne prends pas	est-ce que je prends...?
tu	prends	tu ne prends pas	prends-tu...?
il/elle/on	prend	il/elle/on ne prend pas	prend-il/elle/on...?
nous	prenons	nous ne prenons pas	prenons-nous...?
vous	prenez	vous ne prenez pas	prenez-vous...?
ils/elles	prennent	ils/elles ne prennent pas	prennent-ils/elles...?

prenons *(pruh-nohN)*
prennent *(pren)*

Est-ce que tu prends l'autobus?
Are you taking the bus?

Albert et Nathalie ne prennent pas le petit déjeuner au bureau.
Albert and Nathalie don't have breakfast at the office.

Nous prenons des croissants?
Are we having croissants?

Qu'est-ce qu'on prend, du thé ou du café?
What are we having, tea or coffee?

---

4. L'ARTICLE PARTITIF (DU/DE LA/DE L') / **THE PARTITIVE ARTICLE (SOME)**

In the last example, du thé is simply translated as "tea" in English. Likewise, in the dialogue, de la confiture can be translated as "jam" as well as "some jam". While the English language often uses a noun by itself ("tea," "jam"), the French language always uses an article with that noun:

du thé (because thé is masculine)

de la confiture (because confiture is feminine)

The articles du and de la, expressing "part" of something, are called partitive articles. They are used to indicate part of a quantity which is measurable, but not countable.

Examples: Nathalie prend <u>de la</u> confiture.
Nathalie takes some jam.

Je prends <u>du</u> lait.
I take milk.

Au bureau, l'employé a <u>du</u> travail.
At the office, the employee has work to do.

Je voudrais <u>du</u> pain, s'il vous plaît.
I would like some bread, please.

---

5. JE VOUDRAIS... / I WOULD LIKE...

<u>Je voudrais</u> is the polite way of asking for something.

Examples: <u>Je voudrais</u> un thé au citron, s'il vous plaît.
I would like tea with lemon, please.

<u>Je voudrais</u> deux croissants.
I would like two croissants.

<u>Je voudrais</u> comes from the verb <u>vouloir</u> (to want). Its present tense will
be studied in Lesson 8.

---

6. TOI ET MOI / YOU (FAMILIAR) AND ME

Moi and toi are used:

– to emphasize the subjects <u>je</u> and <u>tu</u>

<u>Moi, je</u> ne mange pas de pain!
I do not eat bread!

<u>Toi</u>, Paul, <u>tu</u> es très curieux!
You, Paul, are very nosy!

– after prepositions (such as <u>avec</u>, <u>et</u>, <u>pour</u>, etc.)

<u>Pour</u> moi, un café au lait! <u>Et</u> toi?
For me, coffee with milk! And you?

Vous venez <u>avec</u> moi au cinéma?
Are you coming with me to the movies?

---

7. IL EST TREIZE HEURES / IT IS 1:00 P.M.

Il est une heure de l'après-midi. = Il est <u>treize</u> heures.
It is one o'clock in the afternoon. = It is 1:00 p.m.

treize heures (13h) = une heure (1h) de l'après-midi
quatorze heures (14h) = deux heures (2h) de l'après-midi
quinze heures (15h) = trois heures (3h) de l'après-midi

dix-neuf heures (19h) = sept heures (7h) du soir
vingt heures quinze (20h15) = huit heures et quart (8h15) du soir
vingt-et-une heures trente (21h30) = neuf heures et demie (9h30) du
soir

Examples: Le film commence à <u>14h30</u> et il finit à <u>16h30</u>.
The movie begins at 2:30 p.m., and it ends at 4:30 p.m.

Ce train part à <u>23h15</u>.
This train leaves at 11:15 p.m.

---

8. LE PRONOM "Y" / THE PRONOUN "Y"

This unique pronoun can replace any <u>location</u> previously mentioned in the
conversation. In a typical sentence (subject+verb+object), the pronoun y is
placed just before the verb.

Examples: Nous allons <u>au cinéma</u>. Nous <u>y</u> allons avec Albert.
We are going to the movies. We are going (there) with Albert.

Tu vas <u>chez Carole</u>? Oui, j'<u>y</u> vais.
Are you going to Carole's? Yes, I am going there.

Est-ce que les croissants sont <u>sur la table</u>?
Are the croissants on the table?

Oui, ils <u>y</u> sont.
Yes, they are (there/here).

Non, ils n'<u>y</u> sont pas.
No, they are not (there/here).

Note, in the last example, that in the negative, "y" is still placed <u>before the
verb, but after "n"</u>.

---

9. LES CONTRAIRES / OPPOSITES

We already know some opposites:

oui	non	aussi	non plus
le matin	le soir	commencer	finir
grand	petit	aller	venir

vrai	faux	beaucoup	peu
bon	mauvais	pourquoi?	parce que

Here are the opposites of words that appear in our last dialogue:

assis / debout
seated / standing

sur / sous
on / under

rien / quelque chose
nothing / something

toujours / jamais
always / never

après / avant
after / before

Examples: Le serveur est debout et le client est assis.
The waiter is standing and the customer is seated.

Ce n'est pas vrai! C'est faux!
This is not true! This is false!

VOCABULAIRE / VOCABULARY

l'addition: the check
s'il vous plaît: please
le menu: the menu
assis♂/assise♀/assis♂ (plur.)/assises♀ (plur.): seated
la terrasse: the terrace
la terrasse d'un café: the café terrace
le petit déjeuner: breakfast
prendre le petit déjeuner: to eat breakfast
un café au lait: a coffee with milk
un café noir: a black coffee
le lait: milk
un croissant: a croissant
une brioche: a brioche
un thé: tea
un thé au citron: lemon tea
un citron: a lemon
un thé au lait: tea with milk
une tartine: a slice
du pain: bread
du beurre: butter
une tartine de pain beurré: a slice of buttered bread
la confiture: jam
ce matin: this morning
le matin: in the morning
le soir: in the evening
désirer: to want
se promener: to walk
avoir faim: to be hungry

j'ai faim: I'm hungry
je voudrais: I'd like
je vais prendre: I will have
adorer: to love (a lot)
aimer: to love
en attendant: while waiting
une commande: an order
une addition: a check (at a restaurant, a bar, etc.)
spécial♂/spéciale♀ (sing.): special
  spéciaux♂/spéciales♀ (plur.)
intéressant♂/intéressante♀ (sing.): interesting
  intéressants♂/intéressantes♀ (plur.)
nouveau♂/ nouvelle♀ (sing.): new
  nouveaux♂/ nouvelles♀ (plur.)
un film: a movie
un marché: a market
le marché aux puces: the flea market
une idée: an idea
Bonne idée!: Good idea!
Enfin!: Finally!
avec toi: with you
pour moi: for me
toi et moi: you and me
alors: then
rien: nothing
y: there/here
d'accord: OK/agreed
pourquoi pas?: why not?
notre: our
après: after
avant: before
aussi: also, too
seulement: only
toujours: always
jamais: never

EXERCICES / EXERCISES

Exercise A

RÉPONDEZ D'APRÈS LE DIALOGUE

Answer these questions using the Lesson 7 dialogue.

  1. Où sont assis Albert et Nathalie?

_____

  2. Que prend Albert? _____

3. Que prend Nathalie? _____

4. Est-ce qu'il y a un cinéma dans le quartier où ils sont?

_____

5. Est-ce que Nathalie aime les films de François Ozon?

_____

6. À quelle heure commence le film?

_____

7. Est-ce que le marché aux puces est intéressant?

_____

8. Où vont Albert et Nathalie tout de suite après le petit déjeuner? _____

QUELLE HEURE EST-IL?

What time is it? Say what time it is in French.

Exemple: Il est quinze heures trente ou <u>trois heures et demie</u>.

1. Il est dix-huit heures quarante-cinq ou _____.

2. Il est vingt-deux heures quinze ou _____.

3. Il est dix-sept heures vingt-cinq ou _____.

4. Il est treize heures trente ou _____.

5. Il est seize heures quarante-cinq ou _____.

Exercise B

COMPLÉTEZ AVEC L'ARTICLE PARTITIF

Fill in the blanks with the partitive <u>du</u> or <u>de la</u>.

Exemple: Voulez-vous <u>du</u> café?

1. Je voudrais _____ lait.

2. Est-ce que vous avez _____ citron, s'il vous plaît?

3. Il y a _____ confiture sur le pain.

4. Le matin, nous prenons toujours _____ thé.

5. Paul ne peut pas sortir parce qu'il a _____ travail.

Exercise C

Exercise D

COMPLÉTEZ LES PHRASES AVEC LE CONTRAIRE DES MOTS SOULIGNÉS

Complete the sentences with the opposite of the underlined words.

Exemple: Je ne vais pas au bureau <u>le soir</u>, mais <u>le matin</u>.

1. L'étudiant n'est pas <u>debout</u>, il est _____.

2. Nathalie ne prend <u>jamais</u> de café, elle prend _____ du thé.

3. Ce n'est pas <u>vrai</u>, c'est _____!

4. La pièce de théâtre <u>commence</u> à 20h et _____ à 22h.

5. Monsieur Sorel voyage <u>peu</u>, mais il travaille _____.

6. Le calendrier n'est pas <u>sous</u> le bureau, mais _____ le bureau!

7. Ce café est très <u>mauvais</u>! Avez-vous du _____ café?

8. La lettre B n'est pas <u>avant</u> la lettre A, mais _____!

Exercise E

*UTILISEZ LE PRONOM **Y***

Rewrite the following sentences by replacing the underlined words with the pronoun **"y"** (pay attention to the placement of this pronoun in the sentence).

Exemple: Albert et Nathalie vont <u>au cinéma</u>. = <u>Albert et Nathalie y vont</u>.

1. Nous allons <u>à la banque</u>. = _____.

2. Je ne vais pas <u>à l'aéroport</u>. = _____.

3. Mme Sorel prend le petit déjeuner <u>chez elle</u>. =

   _____.

4. Sylvie travaille <u>au bureau</u>. = _____.

5. Paul est <u>à l'école</u>. = _____.

Visit www.berlitzpublishing.com for a bonus internet activity—go to the downloads section and connect to the world in French!

AVEZ-VOUS UNE RÉSERVATION?
DO YOU HAVE A RESERVATION?

Aujourd'hui, monsieur Sorel est dans la ville de Lyon. Il va à l'Hôtel du Centre, où il a une réservation pour la nuit. Maintenant, il se présente à la réceptionniste de l'hôtel.
Today, Mr. Sorel is in the city of Lyon. He is going to the Hotel du Centre, where he has a reservation for the night. Now, he is introducing himself to the receptionist of the hotel.

M. Sorel	**Bonjour, mademoiselle. J'ai une réservation.** Good morning. I have a reservation.
la réceptionniste	**Bonjour, monsieur. C'est à quel nom, s'il vous plaît?** Good morning. What is the name, please?
M. Sorel	**Au nom de Thomas Sorel.** Thomas Sorel.
la réceptionniste	**Ah, oui, voilà! Une réservation pour une personne, n'est-ce pas?** Oh, yes, here it is! A reservation for one person, is that right?

79

M. Sorel	**Oui, et pour une nuit. Je pars demain, avant midi.** Yes, and for one night. I'll check out tomorrow, before noon.
la réceptionniste	**Bien, monsieur. Voulez-vous remplir cette fiche, s'il vous plaît? Avez-vous des bagages? Vous pouvez donner vos valises au porteur.** Very well. Will you fill out this card, please? Do you have any luggage? You can give your suitcases to the porter.
M. Sorel	**Non, merci. J'ai seulement cette petite valise. À quel étage est la chambre?** No, thank you. I only have this small suitcase. On what floor is the room?
la réceptionniste	**Au troisième étage, monsieur. Vous pouvez prendre l'ascenseur.** On the fourth floor*, sir. You may take the elevator.
M. Sorel	**Merci. Est-ce que je peux donner un coup de téléphone de ma chambre?** Thank you. Can I make a phone call from my room?
la réceptionniste	**Mais naturellement, monsieur. Voici la clé de votre chambre. C'est la chambre numéro 17.** But of course. Here is the key to your room. It's room number 17.
M. Sorel	**Merci. Jusqu'à quelle heure servez-vous le petit déjeuner?** Thank you. Until what time do you serve breakfast?
la réceptionniste	**Jusqu'à dix heures, monsieur, dans la salle à manger du rez-de-chaussée.** Until ten o'clock, in the first floor* dining room.
M. Sorel	**Merci, mademoiselle.** Thank you, miss.
la réceptionniste	**Je vous en prie. Au revoir, monsieur Sorel.** You are welcome. Goodbye, Mr. Sorel.

*The first floor has a special name in French: it is called "le rez-de-chaussée." Therefore, the second floor is called "le premier étage," the third floor is "le deuxième étage," the fourth floor is "le troisième étage" and so on.

GRAMMAIRE / **GRAMMAR**

1. LES ADJECTIFS POSSESSIFS / **POSSESSIVE ADJECTIVES**

Possessive adjectives (my, your, his, etc.), like other adjectives in French, agree in gender and number with the noun they modify (the possessed object):

mon passeport♂ : my passport
ma valise♀ : my suitcase
mes amis♂ (plur.): my friends
mes valises♀ (plur.): my suitcases

	Singular		**Plural**	
	masculine noun	**feminine noun**	**plural noun**	
je	mon	ma	mes	*(my)*
tu	ton	ta	tes	*(your)*
il/elle	son	sa	ses	*(his/her/its)*
nous	notre		nos	*(our)*
vous	votre		vos	*(your)*
ils/elles	leur		leurs	*(their)*

Examples:

Je prends mon petit déjeuner dans ma chambre.
I am having my breakfast in my room.

Mes valises sont à l'aéroport.
My suitcases are at the airport.

Notice the difference with English, where possessive adjectives indicate only the possessor (my breakfast, my room, my suitcases).

ton passeport *(tohN)*
ta valise *(tah)*
tes amis *(tey)*

son passeport = le passeport de Thomas/le passeport de Nathalie
sa valise = la valise de Thomas/la valise de Nathalie
ses amis = les amis de Thomas/les amis de Nathalie

Examples:

Où est la chambre de Thomas? Sa chambre est au troisième étage.
Where is Thomas's room? His room is on the fourth floor.

Où est la chambre de Nathalie? Sa chambre est au troisième étage.
Where is Nathalie's room? Her room is on the fourth floor.

Où est le sac de Nathalie? Son sac est dans sa chambre.
Where is Nathalie's bag? Her bag is in her bedroom.

Où est le livre de Nathalie? Son livre est chez elle.
Where is Nathalie's book? Her book is at home.

Où sont les valises de Thomas? Ses valises sont à l'aéroport.
Where are Thomas's suitcases? His suitcases are at the airport.

notre passeport *(noh-truh pahs-pohr)*
notre valise *(noh-truh vah-leez)*
nos amis *(noh-zah-mee)*

votre passeport *(voh-truh pahs-pohr)*
votre valise *(voh-truh vah-leez)*
vos papiers *(voh pah-peeyay)*

leur passeport *(luhr pahs-pohr)*
leur valise *(luhr vah-leez)*
leurs amis *(luhr-zah-mee)*

Examples: **Les étudiants travaillent bien. Leur professeur est content.**
The students are working well. Their teacher is happy.

À la maison, les étudiants travaillent avec leurs livres.
At home, the students work with their books.

---

2. VERBES (VOULOIR/REMPLIR/SERVIR) / **VERBS (TO WANT/ TO FILL/TO SERVE)**

vouloir
to want

je	veux	nous	voulons
tu	veux	vous	voulez
il	veut	ils	veulent

Examples: **M. Sorel veut une chambre pour la nuit.**
Mr. Sorel wants a room for the night.

Et toi, qu'est-ce que tu veux?
And you, what do you want?

Albert et Nathalie veulent des croissants.
Albert and Nathalie want some croissants.

Vouloir, like **savoir** (to know) and **pouvoir** (to be able to), is often followed by an infinitive.

Examples: **On veut étudier.**
We want to study.

Vous ne voulez pas partir.
You don't want to leave.

remplir to fill			
je	rempl-is *(rawN-plee)*	nous	rempl-issons *(rawN-plee-sohN)*
tu	rempl-is *(rawN-plee)*	vous	rempl-issez *(rawN-plee-say)*
il	rempl-it *(rawN-plee)*	ils	rempl-issent *(rawN-plees)*

This verb is, like **finir**, a regular verb of the second group (ending in "**ir**"). See **finir** earlier, in Lesson 5.

Examples: **Vous remplissez la fiche de l'hôtel avec votre stylo.**
You fill out the hotel form with your pen.

Remember that a verb with an infinitive ending in "**ir**" can be irregular (no "**ss**" in the plural persons, as **finir** or **remplir** have). For instance, **partir**, studied earlier in Lesson 3, is irregular: **nous partons, vous partez, ils partent.**

servir to serve			
je	sers *(sehr)*	nous	servons
tu	sers *(sehr)*	vous	servez
il	sert *(sehr)*	ils	servent *(sehrv)*

Examples: **Le serveur sert du thé.**
The waiter is serving tea.

On ne sert pas le petit déjeuner jusqu'à midi!
We don't serve breakfast until noon!

---

3. PREMIER, DEUXIÈME, TROISIÈME, ETC. / FIRST, SECOND, THIRD, ETC.

Étudions-nous la leçon numéro trois – la troisième leçon?
Are we studying lesson number three – the third lesson?

Non, nous étudions la leçon numéro huit – la huitième leçon!
No, we are studying lesson number eight – the eighth lesson!

1 (un)	premier♂/première♀
2 (deux)	deuxième, second♂/seconde♀
3 (trois)	troisième
4 (quatre)	quatrième
5 (cinq)	cinquième
6 (six)	sixième
7 (sept)	septième
8 (huit)	huitième
9 (neuf)	neuvième
10 (dix)	dixième
etc.	

---

4. VERBES (PARLER/DONNER) / **VERBS (TO SPEAK/TO GIVE)**

parler
to speak/talk

je	parl-e	nous	parl-ons
tu	parl-es (*pahrl*. The "s" is silent)	vous	parl-ez
il	parl-e	ils	parl-ent

Parlons-nous français?
Do we speak French?

Ici, on ne parle pas anglais.
Here, we don't speak English.

donner
to give

je	donn-e	nous	donn-ons
tu	donn-es (*dohn*. The "s" is silent)	vous	donn-ez
il	donn-e	ils	donn-ent

M. Sorel ne donne pas sa valise au porteur.
Mr. Sorel does not give his suitcase to the porter.

Je donne un coup de téléphone à mes amis.
I'm calling my friends (on the phone).

Parler and donner are regular verbs of the first group (ending in "er"), like travailler, étudier or taper, that we have studied earlier.

VOCABULAIRE / VOCABULARY

une ville: a town, a city
le centre: the center
se présenter: to introduce oneself
une réservation: a reservation
une personne: a person
le nom: the name
une chambre: a room
jusqu'à: until
la nuit: the night
le réceptionniste♂/la réceptionniste♀: the receptionist
remplir: to fill (out)
une fiche: a form
les bagages: luggage
une valise: a suitcase
donner: to give
un porteur: a porter
un étage: a floor, story
troisième: third
le rez-de-chaussée: first floor
un ascenseur: an elevator
un numéro: a number
un coup de téléphone: a phone call
servir: to serve
la salle à manger: the dining room
seulement: only
naturellement: naturally
je vous en prie: you are welcome
ma: my (feminine, singular)
mon: my (masculine, singular)
mes: my (plural)
votre: your (singular)
vos: your (plural)

EXERCICES / **EXERCISES**

RÉPONDEZ D'APRÈS LE DIALOGUE

Answer these questions about the dialogue in Lesson 8.

1. Dans quelle ville est M. Sorel aujourd'hui?

2. A-t-il une réservation pour une nuit ou pour deux nuits?

3. À qui parle-t-il? _____

4. Est-ce que M. Sorel remplit une fiche?

5. Combien de valises a-t-il? _____

6. Veut-il prendre un porteur? _____

7. La chambre 17 est-elle au rez-de-chaussée?

8. Est-ce qu'il y a un ascenseur dans cet hôtel?

9. Qu'est-ce que la réceptionniste donne à M. Sorel?

10. Où sert-on le petit déjeuner? _____

11. Est-ce que M. Sorel veut donner un coup de téléphone de sa chambre? _____

12. Dans cet hôtel, jusqu'à quelle heure servent-ils le petit déjeuner? _____

COMPLÉTEZ LES PHRASES AVEC L'ADJECTIF POSSESSIF APPROPRIÉ

Complete the sentences with the appropriate possessive adjective.

Exemples: -J'ai <u>mon</u> billet, <u>ma</u> carte d'identité et <u>mes</u> clés.
Albert a <u>son</u> café au lait et <u>son</u> croissant.

1. Tu as _____ stylo et _____ livres, Paul?

2. Mlle Caron a _____ sac et _____ valise.

3. Nous avons _____ valises et _____ taxi!

4. Vous avez _____ ordinateur et _____ lettres à taper.

5. Albert et Nathalie prennent _____ petit déjeuner.

COMPLÉTEZ SELON L'EXEMPLE

Say that "page number 6" is the <u>sixth page</u> in French.

Exemple: La page numéro 6 est <u>la sixième page</u>.

1. La leçon numéro 1 est _____.

2. La question numéro 7 est _____.

3. Le dialogue numéro 1 est _____.

4. La réponse numéro 15 est _____.

5. Le billet numéro 20 est _____.

Exercise C

Visit www.berlitzpublishing.com for a bonus internet activity—go to the downloads section and connect to the world in French!

9 IL FAUT ALLER À LA POSTE
IT IS NECESSARY TO GO TO THE POST OFFICE

Paul	**Je voudrais un timbre pour une carte postale sans enveloppe.**
	I would like one stamp for a postcard without an envelope.
l'employée de poste	**C'est pour la France?**
	Is it for France?
Paul	**Oui. J'ai aussi deux lettres à envoyer: celle-ci est pour l'Angleterre, et celle-là pour les États-Unis. Pourriez-vous les peser, s'il vous plaît? Il faut les affranchir.**
	Yes, it is. I also have two letters to send: this one is for England, and that one for the United States. Could you weigh them please? They need stamping.

l'employée	**Donnez-moi vos lettres. Je vais les peser sur la balance... Voilà vos timbres.** Give me your letters. I am going to weigh them on the scale... Here are your stamps.
Paul	**Merci. Et je voudrais envoyer un colis à Montréal. Est-ce que ça met longtemps par avion?** Thank you. And I would like to send a package to Montreal. Does it take long by plane?
l'employée	**Ça met une semaine, plus ou moins. Quand il y a des jours fériés, ça met un peu plus longtemps. Il faut remplir cette fiche. Tenez! Écrivez ici le nom et l'adresse de l'expéditeur et du destinataire.** It takes a week, more or less. When there are holidays, it takes a little longer. You have to fill out this form. Here you are! Write the name and address of the sender and the addressee here.
Paul	**Que faut-il écrire sur cette ligne?** What do I have to write on this line?
l'employée	**Là, il faut indiquer le contenu du colis. Et il faut dire quelle est sa valeur approximative.** There you must indicate the contents of the package. And you must say what its approximate value is.
Paul	**Bon. C'est tout! Avec les timbres, ça fait combien?** OK. That's it. With the stamps, how much is that?
l'employée	**En tout, ça fait vingt euros cinquante.** Altogether that's twenty euros fifty.
Paul	**Voilà madame! Je vous remercie. Au revoir.** Here you are, ma'am! Thank you. Goodbye.

GRAMMAIRE / GRAMMAR

1. IL FAUT / IT IS NECESSARY TO

Il faut is an impersonal expression (only conjugated with the impersonal subject pronoun "il"). It is followed by an infinitive:

Il faut affranchir les lettres.
It is necessary to stamp the letters.

Il ne faut pas prendre cette enveloppe!
You mustn't take this envelope.

Faut-il remplir une fiche?
Is it necessary to fill out a form?

Il faut écrire l'adresse sur le papier.
You have to write the address on the paper.

Il faut indiquer le contenu du colis.
It is necessary to indicate the contents of the package.

Il faut can also be followed by a noun:

Pour écrire, **il faut un stylo**.
In order to write, one needs a pen.

---

2. VERBE (METTRE) / VERB (TO PUT/TO PUT ON)

mettre to put			
je	mets *(meh)*	nous	mettons *(may-tohN)*
tu	mets *(meh)*	vous	mettez *(may-tay)*
il	met *(meh)*	ils	mettent *(meht)*

Examples: L'employée **met** le colis sur la balance.
The employee puts the package on the scale.

Mettons-nous ces lettres à la poste aujourd'hui?
Do we mail these letters today?

Par avion, ça **met** une semaine.
By plane, it takes a week.

---

3. LES PRONOMS COMPLÉMENTS D'OBJET DIRECT / DIRECT OBJECT PRONOUNS

The direct object pronouns (I take it, I see her, he sees us, etc.).

Direct Object Pronouns			
me	*(me)*	nous	*(us)*
te	*(you)*	vous	*(you)*
le	*(him/it)*	les	*(them)*
la	*(her/it)*		

Je prends <u>le timbre</u>. I take the stamp.	= Je <u>le</u> prends (here, <u>le</u> stands for <u>le timbre</u>). I take it.
Je prends <u>la lettre</u>. I take the letter.	= Je <u>la</u> prends (here, <u>la</u> stands for <u>la lettre</u>). I take it.

Both le and la become l' when the verb begins with a vowel or a mute h:
J'étudie la leçon. = Je <u>l</u>'étudie.

Je prends <u>les papiers</u>. I take the papers.	= Je <u>les</u> prends (here, <u>les</u> stands for <u>les</u> <u>papiers</u>). I take them.

Do not confuse these direct object pronouns (le, la, l' and les) with the
definite articles (le, la, l' and les) which come before nouns (le livre: the
book/la serveuse: the waitress).

Here are other examples of direct objects replaced by pronouns. Notice
how, in French, the direct object pronoun is placed <u>before</u> the verb.

Je connais M. et Mme Sorel. = Je <u>les</u> connais.
I know Mr. and Mrs. Sorel.   I know them.

Je ne connais pas <u>Édouard</u>. = Je ne <u>le</u> connais pas.
I don't know Édouard.   I don't know him.

Connaissez-vous <u>Sylvie</u>?   = <u>La</u> connaissez-vous?
Do you know Sylvie?   Do you know her?

Paul, je <u>te</u> connais bien!
Paul, I know <u>you</u> well!

Vous écrivez une lettre, et vous <u>l</u>'envoyez!
You write a letter, and you send <u>it</u>!

Qui <u>nous</u> appelle?
Who is calling <u>us</u>?

Est-ce que je peux <u>vous</u> payer demain?
Can I pay <u>you</u> tomorrow?

Où est le patron? <u>Le</u> voici!
Where is the boss? Here <u>he</u> is!

Elle <u>m</u>'aime.
She likes/loves <u>me</u>.

4. VERBES (DIRE/LIRE/ÉCRIRE/VOIR) / **VERBS (TO SAY/TO READ/TO WRITE/TO SEE)**

dire to say			
je	dis *(dee)*	nous	disons *(dee-zohN)*
tu	dis *(dee)*	vous	dites *(deet)*
il	dit *(dee)*	ils	disent *(deez)*

Examples: Paul <u>dit</u> quelle est la valeur du colis.
Paul says what the value of the package is.
Qu'est-ce que vous dites?
What are you saying?

Notice that we say: je dis bonjour, but je parle français.
                I say hello   I speak French

Another irregular verb:

lire to read			
je	lis *(lee)*	nous	lisons *(lee-zohN)*
tu	lis *(lee)*	vous	lisez *(lee-zay)*
il	lit *(lee)*	ils	lisent *(leez)*

Examples: Qu'est-ce que vous <u>lisez</u> maintenant?
What are you reading now?

Pouvez-vous <u>lire</u> cette ligne?
Can you read this line?

Another irregular verb:

écrire to write			
j'	écris *(jay-kree)*	nous	écrivons *(noo zay-kree-vohN)*
tu	écris *(tew ay-kree)*	vous	écrivez *(voo zay-kree-vay)*
il	écrit *(eel ay-kree)*	ils	écrivent *(eel zay-kreev)*

Examples:

Ici, les étudiants n'<u>écrivent</u> pas en espagnol.
Here, the students do not write in Spanish.

Nous écrivons souvent à nos parents.
We often write to our parents.

Another irregular verb:

voir			
to see			
je	vois *(vwah)*	nous	voyons *(vwah-yohN)*
tu	vois *(vwah)*	vous	voyez *(vwah-yay)*
il	voit *(vwah)*	ils	voient *(vwah)*

Examples: Est-ce que vous voyez la sortie?
Do you see the exit?

Que vois-tu sur la table?
What do you see on the table?

---

5. LES PRONOMS DÉMONSTRATIFS / **DEMONSTRATIVE PRONOUNS**

Les pronoms démonstratifs
The demonstrative pronouns (I will buy <u>this one</u>, I have <u>these</u>, etc.)

They can be: masculine singular, feminine singular, masculine plural, or feminine plural.

Voici deux livres: <u>celui-ci</u> est pour moi, et <u>celui-là</u> est pour toi.
Here are two books: this one is for me, and that one is for you.

J'ai deux lettres à envoyer: <u>celle-ci</u> et <u>celle-là</u>.
I have two letters to send: this one and that one.

Il y a beaucoup d'employés: <u>ceux-ci</u> travaillent dans un bureau de poste, <u>ceux-là</u> travaillent dans une banque.
There are many employees: these work in a post office, those work in a bank.

Voilà des cartes postales: <u>celles-ci</u> sont grandes, <u>celles-là</u> sont petites.
Here are some postcards: these are large, those are small.

6. L'IMPÉRATIF (SUITE) / **THE IMPERATIVE (CONTINUED)**

These imperatives appear in the dialogue:

Attendez!, from the verb **attendre** (third group, regular; we will examine them in the next lesson). It means "Wait!"

Tenez!, from the verb **tenir** (same type of conjugation as **venir**). It means "Hold!", or more simply: "Here you are!"/"Here!"

Voyons!, from the verb **voir**. **Voyons** is the "**nous** person" of the imperative, translated in English as "Let's see!"

---

7. LE FUTUR PROCHE (ALLER + INFINITIF) / **THE NEAR FUTURE (TO GO + INFINITIVE)**

> **aller + infinitif**
> to go + infinitive

This construction is called the "near future" (**le futur proche**).

Demain, je vais voir des amis.
Tomorrow, I am going to see some friends.

Nous allons écrire une carte postale.
We are going to write a postcard.

Et toi, qu'est-ce que tu vas faire demain?
And you, what are you going to do tomorrow?

Note the place of **ne** and **pas** in the negative of the near future:

Je ne vais pas lire ce livre!
I am not going to read this book!

VOCABULAIRE / **VOCABULARY**

un timbre: a stamp
une enveloppe: an envelope
une balance: a scale
un colis: a package
par avion: by air mail
une lettre à envoyer: a letter to send
l'expéditeur♂/l'expéditrice♀: the sender
le/la destinataire: the addressee
une ligne: the line
affranchir: to stamp
envoyer: to send

Pourriez-vous...? (from the verb <u>pouvoir</u>): Could you...?
peser: to weigh
mettre: to put
tenir: to hold
écrire: to write
lire: to read
Voyons...: Let's see...
Attendez!: Wait!
il faut: it's necessary/you need to
indiquer: to indicate
le contenu: the contents
dire: to say
la valeur: the value
approximatif ♂ /**approximative** ♀ (sing.): approximate
   approximatifs ♂ /**approximatives** ♀ (plur.)
Ça fait combien?/Combien ça fait?: How much is that?
sans: without
celui-ci ♂ /**celle-ci** ♀ : this one
ceux-ci ♂ /**celles-ci** ♀ : these ones
celui-là ♂ /**celle-là** ♀ : that one
ceux-là ♂ /**celles-là** ♀ : those ones
nécessaire: necessary
plus ou moins: more or less
quand: when
un jour férié: a public holiday
là: there
C'est tout!: That's it!/That's all!
la sortie: the exit

EXERCICES / **EXERCISES**

RÉPONDEZ D'APRÈS LE DIALOGUE

Answer these questions about the dialogue in Lesson 9.

1. Est-ce que Paul veut une carte postale?

_____

2. Veut-il des timbres? _____

3. Combien de lettres veut-il envoyer?

_____

4. Où veut-il les envoyer? _____

5. Est-ce que l'employée de poste va peser les lettres?

_____

Exercise A

6. Paul veut-il envoyer son colis à Québec ou à Montréal?

7. Par avion, est-ce que ça met deux jours ou une semaine?

8. Quand il y a des jours fériés, est-ce que ça met plus longtemps ou moins longtemps?

9. Qu'est-ce qu'il faut remplir avant d'envoyer le colis?

10. Faut-il écrire le numéro de téléphone de l'expéditeur?

11. Alors, que faut-il écrire?

12. Combien va-t-il payer, en tout? _____

Exercise B

UTILISEZ LE PRONOM COMPLÉMENT D'OBJET DIRECT POUR LES MOTS SOULIGNÉS

Rewrite these sentences while replacing the underlined direct object with the appropriate direct object pronoun. Pay attention to the placement of these pronouns.

Exemple: Elle prend les lettres. = Elle les prend.

1. Paul remplit la fiche. _____

2. Il écrit le nom du destinataire. _____

3. Nous mettons les colis à la poste.

4. Tu connais Valérie? _____

5. Je ne vois pas le nom de l'expéditeur.

6. Avez-vous les billets de théâtre?

7. On ne sert pas ce client! _____

8. Maintenant, vous lisez la phrase numéro 8.

COMPLÉTEZ SELON L'EXEMPLE

Fill in the blanks with the appropriate demonstrative pronouns.

Exemple: Ce colis va en Angleterre, et <u>celui-là</u> va aux États-Unis.

1. Ces timbres sont pour l'Europe, et _____ sont pour les États-Unis.

2. Cette secrétaire tape très vite, et _____ aussi!

3. Ce stylo n'écrit pas, mais _____ écrit très bien.

4. Ces employés sont français et _____ sont allemands.

5. Ce garçon dit toujours bonjour, mais _____ ne le dit jamais!

Visit www.berlitzpublishing.com for a bonus internet activity—go to the downloads section and connect to the world in French!

10

QUEL TEMPS FAIT-IL?
WHAT'S THE WEATHER LIKE?

	Mme Sorel	**Alors, Paul, vous partez pour le week-end? Je sais que vous avez de la famille à la campagne.** So, Paul, are you leaving for the weekend? I know that you have family in the country.
	Paul	**Non, je reste à Paris.** No, I'm staying in Paris.
	Mme Sorel	**Vraiment? Pourquoi? La campagne est si belle en cette saison de l'année!** Really? Why? The countryside is so pretty at this time of year!
	Paul	**C'est vrai, mais j'aime me promener dans Paris, surtout quand il fait beau. Comme aujourd'hui, par exemple! Regardez ce soleil! Regardez ce beau ciel bleu! Il n'y a presque pas de nuages.** That's true, but I like to take walks in Paris, especially when the weather is nice. Like today, for instance. Look at the sun! Look at this beautiful blue sky! There are hardly any clouds!

Mme Sorel	On dit qu'il va faire mauvais demain. Qu'est-ce que vous faites quand il pleut pendant le week-end? They say the weather is going to be bad tomorrow. What do you do when it rains on the weekend?
Paul	Je mets mon imperméable ou bien je prends mon parapluie! Et je vais me promener! D'ailleurs, on peut toujours prendre le bus. Ce passe Navigo* est formidable. Il est vraiment très pratique. I put on my raincoat, or I take my umbrella and I go for a walk! Besides, you can always take the bus. This "Navigo pass" is great! It's really handy.
Mme Sorel	D'accord, mais s'il fait froid, vous restez chez vous, non? OK, but if it's cold, you stay home, right?
Paul	Pas du tout! S'il fait froid, je mets un pull, et voilà! J'ai des amis étudiants un peu partout à Paris – surtout dans le Quartier Latin. Alors, je vais les voir et on passe l'après-midi ensemble. Généralement, on bavarde, on regarde la télé, on écoute de la musique ou on lit des magazines. Not at all! If it's cold, I put on a sweater, and that's it! I have friends all over Paris – especially in the Latin Quarter. So, I go see them and we spend the afternoon together. Usually, we chat, we watch TV, we listen to music, or we read magazines.
Mme Sorel	Eh bien, moi, je préfère les vacances loin de Paris! En hiver, je vais à la montagne, et en été, quand il fait trop chaud, je vais à la plage! Well, as far as I am concerned, I prefer vacations away from Paris! In the winter, I go to the mountains, and in the summer, when it is too hot, I go to the beach.
Paul	Ça, ce n'est pas mal non plus. That's not bad either.

*The "passe Navigo" (Navigo pass) is a weekly or monthly public transportation card that can be purchased in Paris, authorizing passengers unlimited travel by bus and subway.

GRAMMAIRE / GRAMMAR

1. LES MOIS DE L'ANNÉE / THE MONTHS OF THE YEAR

Les mois de l'année
The months of the year

Combien de mois y a-t-il dans une année?
How many months are there in a year?

Il y a douze mois dans une année.
There are twelve months in a year.

Ce sont:

janvier *(zhawN-veeyay)*	juillet *(zhweeyeh)*
février *(fay-vreeyay)*	août *(oot)*
mars *(mahrs)*	septembre *(sep-tawNbr)*
avril *(ah-vreel)*	octobre *(ohk-tohbr)*
mai *(meh)*	novembre *(noh-vawNbr)*
juin *(zhew-ehN)*	décembre *(day-sawNbr)*

---

2. LES SAISONS / THE SEASONS

Les saisons
The seasons

Combien de saisons y a-t-il en France?
How many seasons are there in France?

En France, il y a quatre saisons.
In France there are four seasons.

Ce sont:

l'hiver	le printemps	l'été	l'automne
(lee-vehr)	*(prehN-tawN)*	*(lay-tay)*	*(loh-tohn)*
winter	spring	summer	autumn/fall

Je n'aime pas l'hiver!
I don't like winter!

Nous préférons le printemps.
We prefer spring.

Quelle saison préférez-vous, l'été ou l'automne?
What season do you like best, summer or fall?

---

3. QUEL TEMPS FAIT-IL? / WHAT'S THE WEATHER LIKE?

Quel temps fait-il?
What's the weather like?/How is the weather?

En hiver, il fait froid.
In the winter, it's cold.

En été, il fait chaud.
In the summer, it's warm.

En automne, il fait frais.
In the fall, it's cool.

Au printemps, il fait bon.
In the spring, it's pleasant.

Note the use of __au__ instead of __en__ in the preceding example: __au__ printemps (instead of __en__ which is used for the other seasons as well as the months).

Généralement, est-ce qu'il fait chaud en janvier à Paris?
Usually, is it hot in January in Paris?

Généralement, fait-il froid en août à Paris?
Usually, is it cold in August in Paris?

---

4. VERBES (ATTENDRE/RÉPONDRE) / VERBS (TO WAIT FOR/ TO ANSWER)

__Attendre__ is a typical verb of the third group: verbs ending in "re". (The other two groups, studied in previous lessons, are the verbs ending in "er" – like __travailler__ – and the verbs ending in "ir" – like __finir__.)

attendre to wait for/to wait			
j'	attend-s (zhah-tawN)	nous	attend-ons (noo zah-tawN-dohN)
tu	attend-s (ah-tawN)	vous	attend-ez (voo zah-tawN-day)
il	attend (ah-tawN)	ils	attend-ent (eel-zah-tawNd)

The "d" is pronounced only in the plural persons (attendons, attendez, attendent).

Les étudiants attendent l'autobus.
The students are waiting for the bus.

Je n'attends pas Sylvie!
I'm not waiting for Sylvie!

Qui attendez-vous? (= Qui est-ce que vous attendez?)
Who are you waiting for?

Notice, in the preceding example, that the interrogative word qui is placed before the form "est-ce que + statement."

Qu'attends-tu? (= Qu'est-ce que tu attends?)
What are you waiting for?

Notice that the interrogative word que (here, qu') is placed before the form "est-ce que + statement."

Répondre is another regular verb of the third group ("re" ending).

répondre to answer			
je	répond-s _(ray-pohN)_	nous	répond-ons _(ray-pohN-dohN)_
tu	répond-s _(ray-pohN)_	vous	répond-ez _(ray-pohN-day)_
il	répond- _(ray-pohN)_	ils	répond-ent _(ray-pohNd)_

Répondez-vous aux questions?
Are you answering the questions?

Est-ce que nous répondons en français? (= Répondons-nous en français?)
Are we answering in French?

Est-ce que Mme Sorel répond au téléphone? (= Mme Sorel répond-elle au téléphone?)
Is Mrs. Sorel answering the phone?

In the last example above (interrogative using the inversion), notice the construction.

Mme Sorel + verbe + elle.

This type of construction occurs only in the third person (il, elle, ils, or elles) interrogative inversion, when the subject is a noun (here, Mme Sorel).

Other examples of this:

Paul répond-il en anglais? (= Est-ce que Paul répond en anglais?)
Does Paul answer in English?

Les étudiants répondent-ils parfaitement?
Do the students answer perfectly?

La secrétaire part-elle pour le week-end?
Is the secretary leaving for the weekend?

Catherine et Nathalie attendent-elles leurs amis?
Are Catherine and Nathalie waiting for their friends?

---

5. LA CONJONCTION "QUE" / THE CONJUCTION "THAT"

That as a conjunction: *I know that she is here, I hope that you are well*, etc.

Je sais. Vous avez de la famille à la campagne.
Je sais que vous avez de la famille à la campagne.
I know that you have family in the country./I know you have family in the country.

The conjunction "that" is sometimes omitted in English. But its equivalent in the French language (que or qu') is never omitted. Examples:

On dit qu'il va faire mauvais demain.
They say the weather is going to be bad tomorrow.

J'espère que vous pouvez lire cette phrase.
I hope you can read this sentence.

---

6. LES PRONOMS COMPLÉMENTS D'OBJET DIRECT (SUITE) / DIRECT OBJECT PRONOUNS (CONTINUED)

In the previous lesson (Lesson 9), we have studied the direct object pronouns (me, te, le, la, l', nous, vous, les), and where to place them in a regular sentence (they go before the verb).

When there are two verbs in the sentence, the direct object pronouns are placed before the second verb. Examples:

Vous allez le lire.
You are going to read it.

Tu espères la voir.
You hope to see her.

Cette lettre, il ne faut pas l'envoyer!
You mustn't send this letter!

Le bus? On peut le prendre, avec le passe Navigo!
The bus? You can take it, with the Navigo pass!

Savent-ils le faire?
Do they know how to do it?

J'aime me promener*.
I enjoy taking walks.
*Reflexive verbs such as "se promener" will be explained in Lessons 15 and 17.

VOCABULAIRE / VOCABULARY

Quel temps fait-il?: What's the weather like?
il fait beau: the weather is beautiful
il fait froid: it's cold
il fait chaud: it's hot
il pleut: it's raining
il va faire mauvais: it's going to get bad
le ciel: the sky
bleu♂/bleue♀ (sing.): blue
  bleus♂/bleues♀ (plur.)
ce beau ciel bleu: this beautiful blue sky
le soleil: the sun
un nuage: a cloud
un imperméable: a raincoat
je mets mon imperméable: I put on my raincoat
un parapluie: an umbrella
un pull/un sweater (Canada): a sweater
mettre un pull: to put on a sweater
une année: a year
une saison: a season
l'hiver: winter
en hiver: in the winter
l'été: summer
en été: in the summer
le printemps: spring
au printemps: in the spring
l'automne: fall
en automne: in the fall
la plage: the beach
la montagne: the mountain
le week-end: the weekend

la famille: the family
la campagne: the countryside
je reste: I stay
rester: to stay
se promener: to take a walk
je vais me promener: I'm going to take a walk
j'aime: I like/I enjoy
j'aime me promener: I enjoy taking walks
Qu'est-ce que vous faites?: What do you do?/What are you doing?
le bus/l'autobus: the bus
formidable: great/wonderful/terrific
pratique: practical/convenient/handy
des amis étudiants: student friends
passer l'après-midi: to spend the afternoon
Regardez!: Look!
la télé (la télévision): TV (television)
regarder la télé: to watch television
écouter: to listen
la musique: music
de la musique: some music
un magazine: a magazine
les vacances: the vacation
beau♂/belle♀ (sing.): pretty, attractive, nice
  beaux♂/belles♀ (plur.)
pour: for
vraiment: really
surtout: especially
comme: like, as
par exemple: for example
presque: almost
pendant: during
pas du tout: not at all
d'ailleurs: in addition
partout: everywhere/all over
un peu partout: nearly all over
ensemble: together
généralement: generally/usually
loin: far
trop: too (much)
mal: badly/bad
ce n'est pas mal: it's not bad

EXERCICES / **EXERCISES**

RÉPONDEZ D'APRÈS LE DIALOGUE

Answer these questions about the dialogue in Lesson 10.

1. Paul part-il pour le week-end?

   _____

2. Paul a-t-il de la famille à la campagne?

   _____

3. Est-ce que Paul aime se promener à Paris?

   _____

4. Le ciel est-il bleu? _____

5. Est-ce qu'il y a du soleil? _____

6. Paul dit qu'il va se promener, n'est-ce pas?

   _____

7. Paul aime-t-il le passe Navigo?

   _____

8. Avec le passe Navigo, peut-on prendre un taxi?

   _____

9. Le passe Navigo, c'est pour l'autobus, n'est-ce pas?

   _____

10. Est-elle pratique? _____

11. Généralement, fait-il très froid en été à Paris?

    _____

12. Fait-il trop chaud en hiver? _____

13. En quelle saison fait-il chaud? _____

14. Paul met-il un pull quand il fait très chaud?

    _____

15. Mettez-vous votre imperméable quand il pleut?

    _____

16. Paul a-t-il beaucoup d'amis à Paris?

    _____

17. Paul va-t-il les voir? _____

18. Dans quel quartier sont-ils? _____

19. Quand Paul est chez ses amis, que fait-il?

_____

20. Quand Mme Sorel a des vacances, reste-t-elle à Paris?

_____

21. Où va Mme Sorel en hiver? _____

22. Est-ce qu'elle y va aussi en été?

_____

23. Où va-t-elle en été? _____

Visit www.berlitzpublishing.com for a bonus internet activity—go to the downloads section and connect to the world in French!

ILS ONT ACHETÉ TOUT CE QU'IL FAUT
THEY BOUGHT ALL THAT IS NECESSARY

Aujourd'hui, Albert et Nathalie vont faire un pique-nique à la campagne avec des amis.
Today, Albert and Nathalie are going to have a picnic in the country with friends.

Nathalie	**Albert, as-tu parlé à ton amie Catherine? Est-ce qu'elle vient?**
	Albert, did you speak to your friend Catherine? Is she coming?
Albert	**Oui, je lui ai téléphoné hier soir. Elle va venir avec deux de ses amis. En tout, nous allons être cinq. Ils vont apporter le fromage et le dessert.**
	Yes, I called her last night. She is coming with two friends of hers. In all, there will be five of us. They are going to bring the cheese and the dessert.
Nathalie	**Ah, très bien!**
	Great!

Albert	Mmmm! Qu'est-ce que tu nous prépares? Mmmm! What are you preparing for us?
Nathalie	Je prépare une salade délicieuse, tu vas voir! I am preparing a delicious salad, you'll see!
Albert	Moi, je ne sais pas faire la cuisine. Alors, j'ai acheté deux poulets rôtis. Ça va? I don't know how to cook. So I bought two roast chickens. Is that all right?
Nathalie	C'est parfait! Donne. Je vais les mettre dans ce panier. It's perfect! Give them to me. I am going to put them in this basket.
Albert	On a tout ce qu'il faut? Do we have all we need?
Nathalie	Non, il faut encore acheter le vin à l'épicerie du coin. Et il faut aller chercher le pain, bien sûr. No, we still need to buy the wine at the corner grocery store. And we must go and get the bread, of course.
Albert	J'y vais! I'll go!
Nathalie	Merci, tu es gentil. La boulangerie est juste en face de l'immeuble. Et pour le vin, il y a une épicerie et une charcuterie un peu plus loin. Tu sais où c'est? Thank you, that's nice of you. The bakery is just opposite the building. And for the wine, there is a grocery store and a delicatessen a little further. Do you know where it is?
Albert	Oui, je sais. À tout à l'heure. Yes, I do. See you later.
Nathalie	Fais vite, Albert! Nous partons dès que tes amis arrivent! Be quick, Albert! We're leaving as soon as your friends arrive!

GRAMMAIRE / GRAMMAR

1. ALLER + INFINITIF / TO GO + INFINITIVE

The simplest way to express the future is by using the present tense of the verb.

Example:

Demain, je <u>prends</u> l'avion pour Marseille.
Tomorrow, I am taking the plane to Marseilles.

But you may also use <u>aller + infinitif</u> (just as you use "to go + infinitive" in English.)

Examples: **Demain, je <u>vais prendre</u> l'avion pour Marseille.**
Tomorrow, I am going to fly to Marseilles.

Demain, je <u>finis</u> cette leçon. = Demain, je <u>vais finir</u> cette leçon.
Tomorrow, I am finishing this lesson. = Tomorrow, I am going to finish this lesson.

La semaine prochaine, nous <u>partons</u> en vacances. = La semaine prochaine, nous <u>allons partir</u> en vacances.
Next week, we are going on vacation. = Next week, we are going to go on vacation.

Nos amis <u>arrivent</u> le mois prochain. = Nos amis <u>vont arriver</u> le mois prochain.
Our friends arrive next month. = Our friends are going to arrive next month.

Qu'est-ce que vous <u>faites</u> ce soir? = Qu'est-ce que vous <u>allez faire</u> ce soir?
What are you doing tonight? = What are you going to do tonight?

Nathalie et Albert <u>vont faire</u> un pique-nique.
Nathalie and Albert are going to have a picnic.

Je <u>vais mettre</u> le poulet rôti dans le panier.
I am going to put the roast chicken in the basket.

The interrogative and the negative constructions are as shown in the following examples:

<u>Vas-tu mettre</u> ton imperméable?
Are you going to put on your raincoat?

Catherine <u>ne va pas apporter</u> de salade. Elle <u>va apporter</u> du fromage.
Catherine is not going to bring salad. She is going to bring cheese.

2. LE PASSÉ COMPOSÉ / **THE PAST TENSE**

The passé composé is the most frequently used of the past tenses in French.

One easy way to form the past tense in French is by using the auxiliary verb avoir (conjugated in the present) + past participle of the main verb.

Examples:

Aujourd'hui, je parle à Nathalie. Hier, j'ai parlé à Catherine.
Today, I speak to Nathalie. Yesterday, I spoke to Catherine.

Ai is the verb avoir (to have), and parlé (*pahr-leh*) is the past participle of the verb parler. In other words, the past participle (parlé, here) is the necessary "second half" of the compound past tense.

j'	ai parlé	I have spoken/I spoke
tu	as parlé	you have spoken/you spoke (informal)
il/elle	a parlé	he has spoken/he spoke/she has spoken/she spoke
nous	avons parlé	we have spoken/we spoke
vous	avez parlé	you have spoken/you spoke (formal & plural)
ils/elles	ont parlé	they have spoken/they spoke

3. PARTICIPES PASSÉS DES VERBES RÉGULIERS / **PAST PARTICIPLES OF REGULAR VERBS**

A) Participes passés des verbes réguliers du premier groupe
Past participles of regular verbs of the first group ("er" verbs)

The past participle of a regular "er" verb (parlé, donné, acheté, etc.) is pronounced the same way as the infinitive (parler, donner, acheter, etc.). Here the "er" ending changes to "é".

Here are the past participles of other regular "er" verbs (first group) that you have studied:

étudié	(past participle of the verb étudier)
voyagé	(past participle of the verb voyager)
donné	(past participle of the verb donner)

commencé	(past participle of the verb commencer)
envoyé	(past participle of the verb envoyer)
payé	(past participle of the verb payer)
acheté	(past participle of the verb acheter)

Aujourd'hui, nous étudions la leçon 11. Hier, nous <u>avons étudié</u> la leçon 10.
Today, we are studying Lesson 11. Yesterday, we studied Lesson 10.

Maintenant, M. Sorel voyage. Le mois dernier, il <u>n'a pas voyagé</u>.
Now, Mr. Sorel travels. Last month, he did not travel.

Hier, le professeur <u>a-t-il donné</u> des livres aux étudiants?
Yesterday, did the teacher give books to the students?

<u>Avez-vous</u> déjà <u>commencé</u> la leçon 12?
Have you started Lesson 12 already?

M'<u>avez-vous envoyé</u> une lettre la semaine dernière?
Did you send me a letter last week?

Est-ce que je vous <u>ai payé</u>?
Have I paid you?

Pourquoi Albert <u>a-t-il acheté</u> des poulets rôtis?
Why did Albert buy roast chickens?

B) Participes passés des verbes réguliers du deuxième groupe
  Past participles of regular verbs of the second group ("ir" verbs)

The "ir" ending changes to "i" (*ee*). Examples:

fini	(past participle of the verb finir)
rempli	(past participle of the verb remplir)

Hier, j'<u>ai fini</u> la leçon 10.
Yesterday, I finished Lesson 10.

Au bureau de poste, Paul <u>a rempli</u> un formulaire.
At the post office, Paul filled out a questionnaire.

C) Participes passés des verbes réguliers du troisième groupe
Past participles of regular verbs of the third group ("re" verbs)

The "re" ending changes to "u" (*ew*). Examples:

attendu	(past participle of the verb attendre)
répondu	(past participle of the verb répondre)

Albert et Nathalie <u>ont attendu</u> leurs amis.
Albert and Nathalie waited for their friends.

Hier soir, tu <u>n'as pas attendu</u> l'autobus.
Last night, you didn't wait for the bus.

<u>Avez</u>-vous <u>répondu</u> à la question?
Did you answer the question?

Later, we will study some irregular past participles (past participles that differ from the above-mentioned pattern).

We will also study a small group of verbs that use *être* + *past participle* (instead of *avoir* + *past participle*) to form their past tense.

---

4. LES PRONOMS COMPLÉMENTS D'OBJET INDIRECT / **INDIRECT OBJECT PRONOUNS**

Indirect object pronouns (to me, to him, to us, to you, to them, etc.)

In French, the indirect object pronouns are:

<u>me</u> to me/for me	<u>lui</u> *(lew-ee)* to him/to her/to it (or for…)
<u>te</u> to you (familiar singular)/for you	<u>nous</u> to us/for us
<u>vous</u> to you (formal or plural)/for you	<u>leur</u> *(luhr)* to them/for them

In a regular sentence, they are placed before the verb, just like the direct object pronouns (see preceding Lessons 9 and 10), which they resemble (except for <u>lui</u> and <u>leur</u>). In some cases, a verb may be followed by an indirect object in French and not in English (and vice versa). For example:

J'ai téléphoné <u>à ma mère</u>.
I called my mother.

In the French sentence "ma mère" is an indirect object because of the preposition "à" after the verb "téléphoner", whereas in English, "my mother" is a direct object because there is no preposition (such as "to") after the verb "to call".

Je te sers du vin.
I am serving you wine.

Je parle à Catherine. = Je lui parle.
I am talking to Catherine. = I am talking to her.

Je parle à Catherine et à Robert. = Je leur parle.
I am talking to Catherine and Robert. = I am talking to them.

Le patron donne du travail à son employé. Il lui donne une lettre à taper.
The boss is giving some work to his employee. He is giving him a letter to type.

Le professeur donne un livre aux étudiants. Il leur donne un livre de français.
The teacher is giving a book to the students. He is giving them a French book.

Nathalie prépare une salade pour ses amis. Elle leur prépare une salade délicieuse.
Nathalie is preparing a salad for her friends. She is preparing them a delicious salad.

As-tu parlé à Paul? Quand lui as-tu téléphoné?
Have you spoken to Paul? When did you call him?

Je lui ai téléphoné hier.
I called him yesterday.

Other examples of indirect pronouns:

Tu me prépares un sandwich?
Are you preparing me a sandwich?

Est-ce que je vous apporte quelque chose?
Do I bring you something (anything)?

Qu'est-ce que Nathalie nous a apporté?
What did Nathalie bring us?

Vous lui avez envoyé une lettre, n'est-ce pas?
You sent her a letter, didn't you?

VOCABULAIRE / **VOCABULARY**

hier: yesterday
hier soir: yesterday evening
acheter: to buy
ils ont acheté: they have bought
As-tu parlé?: Have you spoken?
Je lui ai téléphoné.: I called her.
faire un pique-nique: to have a picnic
deux de ses amis: two friends of hers
en tout: altogether
Nous allons être cinq.: There will be five of us.
apporter: to bring
ils vont apporter: they're going to bring
Tu vas voir!: You'll see!
mettre: to put
je vais les mettre: I'm going to put them
tu prépares: you prepare
préparer: to prepare
le fromage: the cheese
le dessert: the dessert
une salade: a salad
délicieux♂/délicieuse♀ (sing.): delicious
   délicieux♂/délicieuses♀ (plur.)
un poulet rôti: a roast chicken
faire la cuisine: to do the cooking
la cuisine: cooking
Donne!: Give (me)!
donner: to give
un panier: a basket
tout ce qu'il faut: all that we need/all that is necessary
On a tout ce qu'il faut?: Do we have everything we need?
il faut encore acheter...: we still need to buy...
le vin: the wine
le pain: the bread
une épicerie: a grocery store
une boulangerie: a bakery
une charcuterie: a butcher's shop
aller chercher: go to look for, go to fetch
chercher: to look for
j'y vais: I'm going there
un coin: a corner
en face: opposite
un immeuble: a building
juste en face de l'immeuble: just opposite the building

un peu plus loin: a little further
arriver: to arrive
À tout à l'heure!: See you soon!
Fais vite!: Be quick!
dès que: as soon as
ce soir: this evening
demain soir: tomorrow evening
la semaine prochaine: next week
le mois prochain: next month

EXERCICES / EXERCISES

Exercise A

RÉPONDEZ D'APRÈS LE DIALOGUE

Answer the questions using the Lesson 11 dialogue.

1. À qui Nathalie parle-t-elle? _____

2. Albert lui répond-il en français?

   _____

3. Est-ce qu'Albert a téléphoné à Catherine?

   _____

4. Quand lui a-t-il donné ce coup de téléphone?

   _____

5. Catherine va-t-elle venir avec sa famille?

   _____

6. Avec qui Catherine va-t-elle venir chez Nathalie?

   _____

7. Alors combien vont-ils être, en tout?

   _____

8. Que vont apporter Catherine et ses amis?

   _____

9. Que prépare Nathalie pour ce pique-nique?

   _____

10. Est-ce qu'Albert sait faire la cuisine?

    _____

11. Qu'est-ce qu'il a acheté? _____

12. Qui va mettre les poulets dans le panier?

_____

13. Qu'est-ce qu'il faut encore acheter?

_____

14. Où achète-t-on le pain? _____

15. Où est cette boulangerie? _____

16. Et la charcuterie, où est-elle? _____

17. Albert sait-il où est la charcuterie?

_____

18. Qu'est-ce qu'il va chercher? _____

COMPLÉTEZ LES PHRASES AVEC LE PASSÉ COMPOSÉ DES VERBES

Complete these sentences with the "passé composé" (the past tense) of the verbs.

Exemple: Hier, Nathalie a travaillé à la banque. (travailler)

1. Hier, Paul _____ une carte postale. (envoyer)

2. Hier, j'_____ la leçon 10. (étudier)

3. Hier, tu _____ l'exercice de la leçon 10. (finir)

4. Hier, vous _____ à vos amis. (téléphoner)

5. Hier, les amis de Catherine _____ du fromage. (acheter)

6. Est-ce que tu _____ de la musique, hier soir? (écouter)

7. Hier, nous _____ l'autobus un quart d'heure. (attendre)

8. Non, je n'_____ la télévision hier soir. (regarder)

Exercise B

UTILISEZ LE PRONOM COMPLÉMENT D'OBJET INDIRECT

Rewrite these sentences while replacing the underlined indirect object with the appropriate indirect object pronoun.

Exemple: Je parle à mes amis. = Je leur parle.

1. Nous donnons un magazine au professeur. =

   _____

2. Tu as envoyé un colis à M. et Mme Sorel. =

   _____

3. Albert n'apporte pas le dessert à Nathalie. =

   _____

4. Le garçon a servi le petit déjeuner à Albert et à Nathalie. =

   _____

5. Répondez-vous tout de suite au patron? =

   _____

Visit www.berlitzpublishing.com for a bonus internet activity—go to the downloads section and connect to the world in French!

REVIEW: LESSONS 7-11

Réécoutez et répétez à haute voix les dialogues 7 à 11.
Listen again and repeat out loud dialogues 7 through 11.

Dialogue 7 L'ADDITION S'IL VOUS PLAÎT!

C'est dimanche matin. Il est dix heures. Nathalie et un ami,
Albert, sont assis à la terrasse d'un café. Ils lisent le menu du
petit déjeuner.

Nathalie	Qu'est-ce que tu vas prendre, toi?
Albert	Je n'ai pas très faim. Je vais seulement commander un café au lait et un croissant. Et toi?
Nathalie	Moi, j'ai faim ce matin! Je voudrais un thé au citron, une tartine de pain beurré, une brioche et de la confiture.
Albert	Je vais appeler le serveur. Au fait, qu'est-ce que tu fais cet après-midi, Nathalie?

Nathalie	Rien de spécial. Et toi?
Albert	Moi non plus. Rien. Il y a un cinéma dans le quartier. On y va? Justement, il y a le nouveau film de François Ozon.
Nathalie	D'accord. J'adore les films d'Ozon. Tu sais à quelle heure ça commence?
Albert	Oui, à quatorze heures trente. En attendant, on peut aller se promener au marché aux puces. C'est toujours intéressant.
Nathalie	Bonne idée! Allons-y tout de suite après le petit déjeuner.
Albert	Oui, pourquoi pas? Ah, enfin! Voici le garçon qui vient prendre notre commande!

Dialogue 8   AVEZ-VOUS UNE RÉSERVATION?

Aujourd'hui, monsieur Sorel est dans la ville de Lyon. Il va à l'Hôtel du Centre, où il a une réservation pour la nuit. Maintenant, il se présente à la réceptionniste de l'hôtel.

M. Sorel	Bonjour, mademoiselle. J'ai une réservation.
la réceptionniste	Bonjour, monsieur. C'est à quel nom, s'il vous plaît?
M. Sorel	Au nom de Thomas Sorel.
la réceptionniste	Ah, oui, voilà! Une réservation pour une personne, n'est-ce pas?
M. Sorel	Oui, et pour une nuit. Je pars demain, avant midi.
la réceptionniste	Bien, monsieur. Voulez-vous remplir cette fiche, s'il vous plaît? Avez-vous des bagages? Vous pouvez donner vos valises au porteur.
M. Sorel	Non, merci. J'ai seulement cette petite valise. À quel étage est la chambre?
la réceptionniste	Au troisième étage, monsieur. Vous pouvez prendre l'ascenseur.
M. Sorel	Merci. Est-ce que je peux donner un coup de téléphone de ma chambre?
la réceptionniste	Mais naturellement, monsieur. Voici la clé de votre chambre. C'est la chambre numéro 17.
M. Sorel	Merci. Jusqu'à quelle heure servez-vous le petit déjeuner?

la réceptionniste	Jusqu'à dix heures, monsieur, dans la salle à manger du rez-de-chaussée.
M. Sorel	Merci, mademoiselle.
la réceptionniste	Je vous en prie. Au revoir, monsieur Sorel.

Dialogue 9 IL FAUT ALLER À LA POSTE

Paul	Je voudrais un timbre pour une carte postale sans enveloppe.
l'employée de poste	C'est pour la France?
Paul	Oui. J'ai aussi deux lettres à envoyer: celle-ci est pour l'Angleterre, et celle-là pour les États-Unis. Pourriez-vous les peser, s'il vous plaît? Il faut les affranchir.
l'employée	Donnez-moi vos lettres. Je vais les peser sur la balance... Voilà vos timbres.
Paul	Merci. Et je voudrais envoyer un colis à Montréal. Est-ce que ça met longtemps, par avion?
l'employée	Ça met une semaine, plus ou moins. Quand il y a des jours fériés, ça met un peu plus longtemps. Il faut remplir cette fiche. Tenez! Écrivez ici le nom et l'adresse de l'expéditeur et du destinataire.
Paul	Que faut-il écrire sur cette ligne?
l'employée	Là, il faut indiquer le contenu du colis. Et il faut dire quelle est sa valeur approximative.
Paul	Bon. C'est tout! Avec les timbres, ça fait combien?
l'employée	En tout, ça fait vingt euros cinquante.
Paul	Voilà madame! Je vous remercie. Au revoir.

Dialogue 10 QUEL TEMPS FAIT-IL?

Mme Sorel	Alors, Paul, vous partez pour le week-end? Je sais que vous avez de la famille à la campagne.
Paul	Non, je reste à Paris.

Mme Sorel	Vraiment? Pourquoi? La campagne est si belle en cette saison de l'année!
Paul	C'est vrai, mais j'aime me promener dans Paris, surtout quand il fait beau. Comme aujourd'hui, par exemple! Regardez ce soleil! Regardez ce beau ciel bleu! Il n'y a presque pas de nuages.
Mme. Sorel	On dit qu'il va faire mauvais demain. Qu'est-ce que vous faites quand il pleut pendant le week-end?
Paul	Je mets mon imperméable ou bien je prends mon parapluie! Et je vais me promener! D'ailleurs, on peut toujours prendre le bus. Ce passe Navigo est formidable. Il est vraiment très pratique.
Mme Sorel	D'accord, mais s'il fait froid, vous restez chez vous, non?
Paul	Pas du tout! S'il fait froid, je mets un pull, et voilà! J'ai des amis étudiants un peu partout à Paris – surtout dans le Quartier Latin. Alors, je vais les voir et on passe l'après-midi ensemble. Généralement, on bavarde, on regarde la télé, on écoute de la musique ou on lit des magazines.
Mme Sorel	Eh bien, moi, je préfère les vacances loin de Paris! En hiver, je vais à la montagne, et en été, quand il fait trop chaud, je vais à la plage!
Paul	Ça, ce n'est pas mal non plus.

Dialogue 11   ILS ONT ACHETÉ TOUT CE QU'IL FAUT

Aujourd'hui, Albert et Nathalie vont faire un pique-nique à la campagne avec des amis.

Nathalie	Albert, as-tu parlé à ton amie Catherine? Est-ce qu'elle vient?
Albert	Oui, je lui ai téléphoné hier soir. Elle va venir avec deux de ses amis. En tout, nous allons être cinq. Ils vont apporter le fromage et le dessert.
Nathalie	Ah, très bien!
Albert	Mmmm! Qu'est-ce que tu nous prépares?
Nathalie	Je prépare une salade délicieuse, tu vas voir!
Albert	Moi, je ne sais pas faire la cuisine. Alors, j'ai acheté deux poulets rôtis. Ça va?

Nathalie	C'est parfait! Donne. Je vais les mettre dans ce panier.
Albert	On a tout ce qu'il faut?
Nathalie	Non, il faut encore acheter le vin à l'épicerie du coin. Et il faut aller chercher le pain, bien sûr.
Albert	J'y vais!
Nathalie	Merci, tu es gentil. La boulangerie est juste en face de l'immeuble. Et pour le vin, il y a une épicerie et une charcuterie un peu plus loin. Tu sais où c'est?
Albert	Oui, je sais. À tout à l'heure.
Nathalie	Fais vite, Albert! Nous partons dès que tes amis arrivent!

EXERCICES / EXERCISES

CHOISISSEZ L'ARTICLE APPROPRIÉ: LE, LA, L', OU LES?

Choose the correct definite article for each of the following words.

Exemples: le café (masc./sing.)
la terrasse (fem./sing.)
l'addition (masc. or fem. starting with a vowel/sing. or a mute h/sing.)
les croissants (masc. or fem./plural)

Exercise A

1. _____ brioche
2. _____ tartines
3. _____ confiture
4. _____ thé
5. _____ films
6. _____ marché aux puces
7. _____ réservation
8. _____ villes
9. _____ bagages
10. _____ porteurs
11. _____ étages
12. _____ ascenseur
13. _____ coup de téléphone
14. _____ chambres
15. _____ salle à manger
16. _____ rez-de-chaussée
17. _____ bureau de poste
18. _____ carte postale
19. _____ enveloppe
20. _____ Amérique
21. _____ États-Unis
22. _____ colis
23. _____ jours fériés
24. _____ fiche

25. _____ adresse	46. _____ autobus
26. _____ timbre	47. _____ bus
27. _____ destinataire	48. _____ télévision
28. _____ expéditeur	49. _____ magazines
29. _____ papiers	50. _____ vacances
30. _____ ligne	51. _____ hiver
31. _____ contenu	52. _____ printemps
32. _____ valeur	53. _____ été
33. _____ euros	54. _____ automne
34. _____ boulangerie	55. _____ montagne
35. _____ petite monnaie	56. _____ plage
36. _____ temps	57. _____ fromages
37. _____ week-end	58. _____ dessert
38. _____ campagne	59. _____ poulet rôti
39. _____ saisons	60. _____ panier
40. _____ année	61. _____ salade
41. _____ soleil	62. _____ vin
42. _____ nuages	63. _____ épicerie
43. _____ imperméable	64. _____ charcuterie
44. _____ pull	65. _____ immeuble
45. _____ parapluie	

METTEZ LES VERBES AU PRÉSENT

Conjugate the verbs in the present tense.
Exemples: (prendre) Nos amis <u>prennent</u> leur petit déjeuner.
(écrire) Paul <u>écrit</u> son nom sur l'enveloppe.

1. (servir) Le garçon ne _____ pas de champagne.

2. (mettre) Quand il fait froid, je _____ un pull.

3. (lire) Que _____-vous?

4. (espérer) J'_____ que vous pouvez lire cette phrase!

5. (attendre) Nous _____ un taxi.

6. (remplir) Paul et Robert _____ des formulaires.

7. (payer) Vous _____ le garçon?

8. (connaître) Je ne _____ pas ce monsieur.

9. (peser) Est-ce que vous _____ les lettres à la poste?

10. (indiquer) Paul _____ la valeur de son colis.

11. (dire) Qu'est-ce que vous _____?

12. (faire) Combien ça _____?

13. (voir) Je _____ mes amis le dimanche.

14. (rester) Est-ce que vous _____ en ville ce week-end?

15. (arriver) Catherine et Michel _____ à dix heures.

16. (faire) Qu'est-ce que tu _____?

17. (venir) Vous _____ avec nous à la campagne?

18. (préférer) Nous _____ la plage!

19. (passer) On _____ l'après-midi ensemble.

20. (bavarder) Nous _____ pendant le petit déjeuner.

21. (donner) Tu me _____ ton livre?

22. (apporter) Je vous _____ du fromage.

23. (préparer) Nathalie nous _____ une salade délicieuse!

24. (envoyer) Paul leur _____ une carte postale.

25. (téléphoner) Ces étudiants vous _____-ils le dimanche?

CHOISISSEZ LE PRONOM APPROPRIÉ

Replace the underlined object with the appropriate object pronoun (direct/indirect object pronoun or the pronoun "y")

Exemples: Je vois <u>les employés</u>. = Je <u>les</u> vois. (les/leur)
Je parle à <u>Nathalie</u>. = Je <u>lui</u> parle. (la/lui)
Nous allons <u>à Paris</u>. = Nous <u>y</u> allons. (le/y)

1. J'appelle <u>le taxi</u>. = Je _____ appelle. (l'/lui)

2. Vous commencez <u>l'exercice</u>. = Vous _____ commencez. (l'/le)

Exercise C

3. Albert va <u>à la charcuterie</u>. = Albert _____ va. (la/y)

4. Paul envoie une lettre <u>à ses amis</u>. = Paul _____ envoie une lettre. (les/leur)

5. Nous n'avons pas fini <u>ce livre</u>. = Nous ne _____ avons pas fini. (l'/lui)

6. As-tu téléphoné <u>aux clients</u>, hier? = _____ as-tu téléphoné, hier? (les/leur)

7. Les deux poulets sont <u>dans le panier</u>. = Les deux poulets _____ sont. (le/y)

8. Hier, est-ce qu'on a apporté une lettre <u>à ce monsieur</u>? = Hier, est-ce qu'on _____ a apporté une lettre? (l'/lui)

9. Demain, je vais dire bonjour <u>à Paul</u>. = Demain, je vais _____ dire bonjour. (le/lui)

10. Demain, je vais voir <u>M. et Mme Sorel</u>. = Demain, je vais _____ voir. (les/leur)

Exercise D

RÉPONDEZ AU FUTUR PROCHE

Answer in the "near future."

Exemples: Avez-vous étudié la leçon 13? <u>Non, je vais étudier la leçon 13 demain.</u>
L'employé a-t-il fini son travail? <u>Non, il va finir son travail demain.</u>

1. As-tu parlé à la secrétaire? _____

2. Le garçon de café a-t-il servi le petit déjeuner?

_____

3. Est-ce que vous avez attendu Catherine?

_____

4. Est-ce que j'ai payé les timbres?

_____

5. Les étudiants ont-ils répondu? _____

Visit www.berlitzpublishing.com for a bonus internet activity—go to the downloads section and connect to the world in French!

POURRIEZ-VOUS M'INDIQUER LE CHEMIN?
COULD YOU SHOW ME THE WAY?

une touriste,
à Paris

Pardon, monsieur l'agent… Je voudrais aller au musée du Louvre. Pourriez-vous m'indiquer le chemin, s'il vous plaît?
Excuse me, officer… I would like to go to the Louvre museum. Could you show me the way, please?

un agent
de la
circulation

Mais certainement, madame. Voyons… Où sommes-nous? Ah, oui! Descendez cette rue jusqu'au boulevard des Italiens. C'est le boulevard que vous voyez là-bas. Quand vous arrivez au boulevard des Italiens, tournez à droite. Ensuite, allez tout droit jusqu'à la place de l'Opéra. À la place de l'Opéra, tournez à gauche. Prenez l'avenue de l'Opéra. Continuez tout droit, jusqu'au rond-point de la Comédie Française.
Certainly. Let's see… Where are we? Oh, yes! Go down this street up to the "boulevard des Italiens." That's the boulevard you see over there. When you

127

get to the "boulevard des Italiens," turn right. Then go straight up to the "place de l'Opéra." At the "place de l'Opéra," turn left. Take the "avenue de l'Opéra." Continue straight ahead, up to the traffic circle of la Comédie Française."

la touriste   **Oh là là! C'est loin!**
My goodness! It's far!

l'agent   **Mais non, c'est à environ vingt minutes à pied!**
Not at all, it's about twenty minutes away, on foot!

la touriste   **Vraiment? Bon. Une fois au rond-point de la Comédie Française, je vais où?**
Really? All right. Once at the traffic circle of la Comédie Française, where do I go?

l'agent   **Après, c'est très facile. Traversez la rue de Rivoli, qui est en face de vous. Marchez en direction du jardin des Tuileries. Et voilà, vous êtes arrivée!**
Then, it's very easy. Cross the "rue de Rivoli," which is in front of you. Walk towards the "jardin des Tuileries." And there you are!

la touriste   **Je suis arrivée? Où?**
I have arrived? Where?

l'agent   **Mais à l'esplanade du Carrousel! Vous allez reconnaître la grande pyramide du Louvre qui se trouve au milieu!**
At the Carrousel esplanade! You will recognize the big pyramid of the Louvre which is in the middle!

la touriste   **C'est là que se trouve l'entrée du musée, n'est-ce pas? Je l'ai lu dans une brochure.**
That's where the entrance to the museum is located, isn't it? I read it in a brochure.

l'agent   **Oui, c'est là qu'on vend les billets pour visiter le Louvre.**
Yes, that's where they sell the tickets to visit the Louvre.

la touriste   **Merci bien, monsieur l'agent. Au revoir.**
Thank you very much, officer. Goodbye.

l'agent   **Au revoir, madame. Et bonne promenade!**
Goodbye. And have a nice walk!

GRAMMAIRE / **GRAMMAR**

1. LE PASSÉ COMPOSÉ (SUITE) / **THE PAST TENSE (CONTINUED)**

Les participes passés des verbes irréguliers
Past participles of irregular verbs

Some past participles differ from the regular pattern of "é" endings for "er" verbs (example: ache<u>ter</u> – ache<u>té</u>), "i" endings for "ir" verbs (example: fin<u>ir</u> – fin<u>i</u>), and "u" endings for "re" verbs (example: atten<u>dre</u> – atten<u>du</u>) studied in Lesson 11.

Now here are some irregular past participles, and the infinitives to which they correspond:

<u>eu</u>	(past participle of <u>avoir</u>)
<u>été</u>	(past participle of <u>être</u>)

Examples: Aujourd'hui, j'ai une lettre. Hier, j'<u>ai eu</u> deux lettres.
Today, I have one letter. Yesterday, I had two letters.

Ce matin j'ai été très occupée. Cet après-midi je suis plus disponible.
This morning I was very busy. This afternoon I am (more) available.

<u>fait</u>　　　　　(past participle of <u>faire</u>)

Example: Qu'est-ce que tu <u>as fait</u>, hier soir?
What did you do last night?

<u>pris</u>	(past participle of <u>prendre</u>)
<u>mis</u>	(past participle of <u>mettre</u>)

Examples: Hier matin, je <u>n'ai pas pris</u> l'autobus.
Yesterday morning, I didn't take the bus.

<u>Avez-vous mis</u> votre imperméable, hier après-midi?
Did you put on your raincoat yesterday afternoon?

<u>écrit</u>	(past participle of <u>écrire</u>)
<u>dit</u>	(past participle of <u>dire</u>)

Examples: Paul <u>a écrit</u> une carte postale.
Paul wrote a postcard.

Les employés <u>ont dit</u> bonjour au patron.
The employees said hello to the boss.

<u>lu</u>　　　　　(past participle of <u>lire</u>)

Example: Nous <u>avons lu</u> une brochure.
We have read a brochure.

su	(past participle of <u>savoir</u>)
pu	(past participle of <u>pouvoir</u>)
voulu	(past participle of <u>vouloir</u>)
plu	(past participle of <u>pleuvoir</u>, to rain)

Examples: **Est-ce que vous <u>avez su</u> répondre?**
Did you know how to answer?

Je <u>n'ai pas pu</u> téléphoner.
I couldn't call.

Albert <u>a-t-il voulu</u> faire la cuisine?
Did Albert want to cook?

Aujourd'hui il ne pleut pas. Mais hier, il <u>a plu</u>.
Today it's not raining. But yesterday it rained.

<u>venu</u>   (past participle of <u>venir</u>)

Example: **Hier, je <u>suis venu</u> au bureau à huit heures.**
Yesterday, I came to the office at eight.

Notice, in the last example, that the verb <u>venir</u> uses <u>être</u> (to be), instead of <u>avoir</u> (to have) to form the "passé composé."

We will now examine some other verbs that use the auxiliary <u>être</u> instead of avoir.

---

2. LE PASSÉ COMPOSÉ AVEC ÊTRE / THE PAST TENSE WITH "ÊTRE"

The past tense with the auxiliary verb "to be".

While most verbs form the passé composé with avoir as the auxiliary verb (i.e. as the first part of this compound past tense), there is a small list of verbs which require être as the auxiliary verb. These verbs are mainly intransitive verbs of motion (verbs of going and coming such as "aller"/ to go) and verbs of change of state (such as "devenir"/to become, or "naître"/to be born).

To remember this list of verbs conjugated with the auxiliary verb être, you can use the "Dr. & Mrs. P. Vandertramp" method. When in this order, the first letter of each infinitive verb spells out "Dr. & Mrs. P. Vandertramp."

Infinitive	Past Participle	Translation
devenir	devenu	to become
rester	resté	to stay; to remain
monter	monté	to go up; to climb
revenir	revenu	to come back; to return

sortir	sorti	to go out
passer	passé	to go by; to pass by
venir	venu	to come
arriver	arrivé	to arrive
naître	né	to be born
descendre	descendu	to go down; to descend
entrer	entré	to enter; to go in; to come in
retourner	retourné	to go back; to return
tomber	tombé	to fall
rentrer	rentré	to come back; to return
aller	allé	to go
mourir	mort	to die
partir	parti	to leave (a place)

To form their passé composé, the following verbs use *être* + *past participle* (instead of *avoir* + *past participle*):

venir   (participe passé: venu)
revenir   (participe passé: revenu)

Examples: Vous n'êtes pas venu chez moi!
You didn't come to my house!

Les étudiants sont-ils revenus de l'école?
Have the students come back from school?

Other examples: Hier, ce touriste est allé au musée d'Orsay.
Yesterday, this tourist went to the "musée d'Orsay."

À quelle heure es-tu arrivé?
At what time did you arrive?

Nous sommes partis en taxi.
We left in a taxi.

Il n'est pas resté une semaine à l'hôtel.
He didn't stay a week in the hotel.

M. Sorel est descendu au rez-de-chaussée.
Mr. Sorel came down to the ground floor.

Mme Sorel est descendue au rez-de-chaussée.
Mrs. Sorel came down to the ground floor.

We saw that the past participle never changes when using the auxiliary avoir. But when using the auxiliary être, the past participle must agree in gender (masculine/feminine) and number (singular/plural) with the subject of the verb (as this is the case in the last sentence above). For the feminine form, add an "e", and for the plural form, add an "s" to the past participle. Here are the four forms of the past participle of the verb partir (to leave):

parti	(masculine/singular)
partie	(feminine/singular)
partis	(masculine/plural)
parties	(feminine/plural)

je	suis parti(e)	I have left/I left
tu	es parti(e)	you have left/you left (informal)
il	est parti	he has left/he left
elle	est partie	she has left/she left
nous	sommes parti(e)(s)	we have left/we left
vous	êtes parti(e)(s)	you have left/you left (formal & plural)
ils	sont partis	they♂ have left/they left
elles	sont parties	they♀ have left/they left

We will encounter some more of these later in the course. Also, besides the "Dr. & Mrs. P. Vandertramp" list of verbs, all reflexive verbs require the auxiliary être in the passé composé. We will study the reflexive verbs in Lessons 15 and 17.

3. LES PRONOMS RELATIFS / THE RELATIVE PRONOUNS

Les pronoms relatifs qui et que (ou qu')
The relative pronouns **that**, **who**, **which** or **whom** (for example, in English: the book that's on the table is mine; I know the man who spoke; the museum which I prefer is the Louvre; the man whom I married).

Nous prenons l'autobus. L'autobus arrive.
Nous prenons l'autobus qui arrive.
We are taking the bus that's coming.

J'ai lu le livre. Le livre est sur la table.
J'ai lu le livre qui est sur la table.
I read the book that is on the table.

In the preceding examples, qui (meaning l'autobus or le livre) is therefore the subject of the verb that follows (arrive or est).

Other examples:

Connaissez-vous le touriste qui a parlé?
Do you know the tourist who spoke?

La rue qui est en face de vous est la rue de Rivoli.
The street which is in front of you is the "rue de Rivoli."

Vous allez reconnaître la pyramide qui se trouve au milieu.
You will recognize the pyramid that's in the middle.

When this relative pronoun is not the subject of the following verb, but the direct object of that verb, qui becomes que (or qu'):

Voilà les amis. J'attends ces amis.
Voilà les amis que j'attends.
Here come the friends that I'm waiting for.

This relative pronoun object of the verb is sometimes omitted in English (just like the conjunction is sometimes omitted; see Lesson 10), but its equivalent in French (que or qu') is never omitted:

On lit le livre. Le livre est intéressant.
Le livre qu'on lit est intéressant.
The book that we are reading is interesting.

---

4. QUI OU QUE? / THE SUBJECT OR OBJECT RELATIVE PRONOUN?

The following examples are a summary of when to use qui and when to use que.

Qui, relative pronoun, as the subject of a verb:

Le monsieur qui parle est M. Sorel.
The man who is talking is Mr. Sorel.

Comment s'appelle le garçon qui parle portugais?
What's the name of the boy who speaks Portuguese?

Que, relative pronoun, as the direct object of a verb:

Les étudiants que vous connaissez sont canadiens.
The students that you know are Canadian.

Le Louvre, c'est le musée que vous voyez là-bas.
The Louvre is the museum you see over there.

And remember also to use <u>que</u> as a conjunction, a simple "link" between two clauses (as studied earlier in Lesson 10). Examples:

Je sais <u>que</u> vous avez des amis à Paris.
I know you have friends in Paris.

On dit <u>que</u> le musée est formidable!
They say that the museum is terrific!

---

5. L'IMPÉRATIF (SUITE) / **THE IMPERATIVE (CONTINUED)**

S'il vous plaît, <u>tournez</u> à gauche!
Please, turn left!

<u>Prenez</u> l'avenue de l'Opéra.
Take the "avenue de l'Opéra."

Ne <u>descendez</u> pas cette rue!
Do not go down that street!

<u>Continuez</u> tout droit.
Continue straight ahead.

<u>Marchez</u> en direction du jardin des Tuileries.
Walk towards the garden of the Tuileries.

<u>Traversez</u> la rue de Rivoli.
Cross the "rue de Rivoli."

VOCABULAIRE / **VOCABULARY**

pourriez-vous: could you
Pourriez-vous m'indiquer…: Could you show me…?
le chemin: the way
un touriste♂/une touriste♀: a tourist
pardon: excuse me
un agent de la circulation: a traffic officer
un musée: a museum
le Louvre: the Louvre
certainement: certainly
voyons: let's see
descendre: to go down
descendez: go down (as in "Go down!", imperative mode)
une rue: a street
un boulevard: a boulevard
jusqu'au: as far as
le boulevard que vous voyez: the boulevard which you see

là-bas: over there
arrivez: to arrive
vous arriver: you arrive
tourner: to turn
tournez: turn (imperative mode)
à droite: right, on the right
ensuite: then
allez: go (imperative mode)
tout droit: straight ahead
jusqu'à la place de l'Opéra: as far as the Place de l'Opera
à gauche: left, on the left
une avenue: an avenue
l'avenue de l'Opéra: the Avenue de l'Opera
continuer: to continue
continuez: continue (imperative mode)
un rond-point: a traffic circle/a roundabout
environ 20 minutes: about twenty minutes
c'est à vingt minutes: it's twenty minutes away
à pied: on foot
traverser: to cross
Traversez la rue!: Cross the street!
en face: opposite
la rue qui est en face: the opposite street
marcher: to walk
Marchez!: Walk! (imperative mode)
en direction de...: towards...
un jardin: a garden
le jardin des Tuileries: the Tuileries Gardens
une esplanade: an esplanade
l'esplanade du Carrousel: the Carrousel esplanade
reconnaître: recognize
vous allez reconnaître...: you'll recognize...
une pyramide: a pyramid
la pyramide qui se trouve là: the pyramid which is there
au milieu: in the middle
une entrée: an entrance
l'entrée du musée: the entrance to the museum
une brochure: a brochure
c'est là qu'on vend les billets: that's where they sell tickets
vendre (regular "re" verb, conjugated like attendre or répondre): to sell
visiter: to visit
Oh là là!: Oh dear!
après: after
Et après?: And after that?

facile: easy
c'est très facile: it's very easy
vous êtes arrivé(e)(s): you've arrived
je suis arrivé(e): I have arrived
je l'ai lu: I read it
Merci bien!: Thank you very much
une promenade: a walk
Bonne promenade!: Have a nice walk!

EXERCICES / **EXERCISES**

Exercise A

RÉPONDEZ D'APRÈS LE DIALOGUE

Answer these questions using the Lesson 13 dialogue.

1. Où cette touriste veut-elle aller?

_____

2. A qui a-t-elle parlé? _____

3. Est-ce que la touriste est à pied ou en taxi?

_____

4. Est-ce que le Louvre se trouve loin de la place de l'Opéra?

_____

5. Y a-t-il un jardin en face du musée?

_____

6. Où se trouve la grande pyramide du Louvre?

_____

7. Est-ce que la touriste y va? _____

8. Vend-on des billets à l'entrée du musée?

_____

COMPLÉTEZ LES PHRASES AVEC LE PASSÉ COMPOSÉ DES VERBES

Conjugate the verbs in the passé composé. Remember to use the right auxiliary (avoir or être) for each verb.

Exemples: Hier, Nathalie **a eu** beaucoup de travail. (<u>avoir</u>)
Albert **est parti** en vacances. (<u>partir</u>)

1. Est-ce que vous _____ content de visiter le musée? (<u>être</u>)

2. Je _____ deux semaines à Paris. (<u>rester</u>)

3. Hier, j'_____ la cuisine pour mes amis. (<u>faire</u>)

4. Nous _____ un taxi pour visiter Paris. (<u>prendre</u>)

5. Où _____-vous _____? (<u>aller</u>)

6. Tu _____ ton nom sur l'enveloppe? (<u>mettre</u>)

7. Qu'est-ce que vous _____? (<u>dire</u>)

8. Nous _____ à dix heures. (<u>arriver</u>)

9. La touriste _____ une brochure sur le Louvre. (<u>lire</u>)

10. Est-ce que vous _____ prendre l'avion? (<u>pouvoir</u>)

CHOISISSEZ <u>QUI</u> OU <u>QUE</u>

Complete the sentence with the appropriate relative pronoun.

Exemples: Voici l'hôtel <u>que</u> je préfère.
Traversez la rue <u>qui</u> est en face de vous!

1. L'employé _____ travaille dans ce bureau s'appelle Martin.

2. Où se trouve le musée _____ vous avez visité?

3. Nous savons _____ la pyramide est l'entrée du musée.

4. Je ne connais pas la réceptionniste _____ a répondu.

5. On a pris le premier taxi _____ est arrivé!

METTEZ LES VERBES À L'IMPÉRATIF

Exercise D

Conjugate the verbs in the imperative mode.

Exemples: Toi et moi, <u>marchons</u> en direction des Tuileries! (<u>marcher</u>)
Paul, <u>choisissez</u> la bonne réponse! (<u>choisir</u>)

1. Vous et moi, _____ faire une promenade! (<u>aller</u>)

2. S'il vous plaît, M. Sorel, _____ votre travail! (<u>continuer</u>)

3. Toi et moi, _____ les billets! (<u>prendre</u>)

4. Abou et Jacques, ne _____ pas la rue! (<u>traverser</u>)

5. Si vous voulez, vous et moi, _____ en ascenseur! (<u>descendre</u>)

Visit www.berlitzpublishing.com for a bonus internet activity—go to the downloads section and connect to the world in French!

PARLONS DE LA FAMILLE
LET'S TALK ABOUT THE FAMILY

Cet après-midi, Albert est allé chez Mme Sorel pour lui dire
bonjour. Maintenant, nos deux amis sont assis dans le
salon de la famille Sorel. Mme Sorel est en train de servir
du café.
This afternoon, Albert went to Mrs. Sorel's to say hello to her. Now
our two friends are seated in the living room of the Sorel family.
Mrs. Sorel is serving coffee.

Mme Sorel	**Encore du café, Albert?**
	More coffee, Albert?
Albert	**Oui, je veux bien, merci. Sans sucre, s'il vous plaît. Et vous? Vous ne prenez pas de café?**
	Yes, thank you. Without sugar, please. And you? You are not having coffee?
Mme Sorel	**Non, je ne bois jamais de café. Je préfère le thé.**
	No, I never drink coffee. I prefer tea.

Albert	**Vous m'avez dit que vous venez de Bordeaux. Avez-vous de la famille, là-bas?**
	You told me that you come from Bordeaux. Do you have relatives over there?
Mme Sorel	**Oh oui! J'ai un frère et une sœur à Bordeaux. Et j'ai aussi un oncle à Pau, un peu plus au sud. Mon frère est célibataire – comme vous, Albert! Ma sœur est mariée. Elle a trois enfants: un fils et deux filles.**
	Oh yes! I have a brother and a sister in Bordeaux. And I also have an uncle in Pau, further south. My brother is single – like you, Albert! My sister is married. She has three children: one son and two daughters.
Albert	**Quel âge ont-ils?**
	How old are they?
Mme Sorel	**Le garçon a douze ans. Mes nièces ont huit ans et cinq ans. Et vous, Albert, où habitez-vous?**
	The boy is twelve. My nieces are eight and five. And what about you, Albert, where do you live?
Albert	**Moi, j'habite dans la banlieue parisienne, avec mon père, ma mère, mon grand-père et ma grand-mère.**
	I live on the outskirts of Paris, with my father, my mother, my grandfather, and my grandmother.
Mme Sorel	**Mais vous travaillez à Paris? Dans une banque, n'est-ce pas?**
	But you work in Paris? In a bank, right?
Albert	**Oui. Pour venir, je prends le train. C'est pourquoi je cherche un appartement à Paris. Un appartement plus petit que le vôtre, bien sûr! Je regarde dans le journal. Mais je ne trouve rien.**
	Yes. To get here, I take the train. That's why I am looking for an apartment in Paris. An apartment smaller than yours, of course! I look in the newspaper. But I don't find anything.
Mme Sorel	**Si vous voulez quelque chose en plein centre, ça va être difficile!**
	If you want something right in the center of town, that's going to be difficult!

Albert Oui, je sais. Enfin, je ne suis pas pressé. Pour l'instant, je ne suis pas si mal chez mes parents. Et puis, j'ai mes cousins et mes cousines qui habitent près de chez nous, dans la même banlieue.
Yes, I know. Well, I am not in a hurry. For the moment, it's not so bad at my parents'. Also I have my cousins who live near us, in the same suburb.

Mme Sorel Et votre amie, Nathalie? Elle habite aussi avec sa famille?
How about your girlfriend, Nathalie? Does she live with her family too?

Albert Non, elle a un studio près de Montparnasse. Ses parents sont à Lyon.
No, she has a studio near Montparnasse. Her parents are in Lyon.

Mme Sorel Je connais quelqu'un qui habite à Lyon...une amie d'enfance. Mais, dites! Nathalie ne doit pas voir ses parents souvent...
I know somebody who lives in Lyon...a childhood friend. But, say! Nathalie must not see her parents very often.

Albert En fait, elle leur téléphone souvent. Et elle va les voir dès qu'elle a des vacances. C'est facile. Pour y aller, elle prend toujours le TGV. Ça va plus vite.
Actually, she calls them often. And she goes to visit them whenever she is on vacation. It's easy. To get there, she always takes the TGV. It's faster.

Mme Sorel Malheureusement, les trains de banlieue ne vont pas aussi vite! Dommage pour vous!
Unfortunately, the commuter trains are not as fast! Too bad for you!

GRAMMAIRE / GRAMMAR

1. VERBE (BOIRE) / VERB (TO DRINK)

boire
to drink

C'est un verbe irrégulier.

présent

je bois *(bwah)*	nous buvons *(bew-vohN)*
tu bois *(bwah)*	vous buvez *(bew-vay)*
il/elle/on boit *(bwah)*	ils/elles boivent *(bwahv)*

Example: Mme Sorel <u>boit</u> toujours du thé.
Mrs. Sorel always drinks tea.

Unless we mention specifically that a verb uses être in the past tense (refer to Lesson 13), assume that it uses avoir (most verbs do):

passé composé

j'ai bu	je n'ai pas bu
tu as bu	tu n'as pas bu
il/elle/on a bu	il/elle/on n'a pas bu
nous avons bu	nous n'avons pas bu
vous avez bu	vous n'avez pas bu
ils/elles ont bu	ils/elles n'ont pas bu

Examples: Albert <u>a bu</u> du café.
Albert drank coffee.

Je <u>n'ai pas bu</u> de champagne!
I didn't drink any champagne!

Les enfants <u>ont-ils bu</u> du lait?
Did the children drink milk?

---

2. QUELQUE CHOSE/RIEN / **SOMETHING/NOTHING**

Example: Albert boit <u>quelque chose</u>: il boit du café.
Albert is drinking something: he is drinking coffee.

The opposite would be:

Nathalie <u>ne boit rien</u>.
Natalie isn't drinking anything.

Other examples:

Tu manges <u>quelque chose</u>: tu manges un sandwich.
You are eating something: you are eating a sandwich.

Tu **ne manges rien**.
You aren't eating anything./You don't eat anything./You eat nothing.

Est-ce que vous écrivez quelque chose? – Non, je n'écris rien.
Are you writing anything? – No, I am not writing anything.

Ces employés **ne font rien** au bureau!
Those workers do nothing at the office!

Note that "rien" is a negation and is used with "ne" (see the explanation in the next section).

---

3. QUELQU'UN/PERSONNE / SOMEBODY/NOBODY

Example: Je vois **quelqu'un**: je vois M. Sorel!
I see somebody: I see Mr. Sorel!

The opposite would be:

Je **ne vois personne**.
I don't see anybody.

Other examples:

Nous écoutons quelqu'un: nous écoutons Nathalie.
We are listening to someone: we're listening to Nathalie.

Nous n'écoutons personne!
We aren't listening to anybody!

As with any negation, **ne** is still placed before the verb when using **personne, rien, jamais**. Also, as with the regular negation "ne...pas", **personne, rien** and **jamais** are placed between the auxiliary and the past participle in the past tense (passé composé).

Examples: Vous **ne voyez personne**. Vous **n**'avez vu **personne**.
You don't see anyone. You did not see anybody.

Nous **ne disons rien**. Nous **n**'avons **rien** dit.
We say nothing. We said nothing.

Thomas **ne boit jamais** de café. Il **n**'a **jamais** bu de bière.
Thomas never drinks coffee. He never drank beer.

---

4. QUEL ÂGE AVEZ-VOUS? / HOW OLD ARE YOU?

In French, the question "How old are you?" is asked using the verb avoir (to have).

Quel âge **as**-tu?
How old are you?

Quel âge a Paul?
How old is Paul?

Quel âge ont les neveux de M. Sorel?
How old are Mr. Sorel's nephews?

The answers also use avoir:

J'ai trente ans.
I am thirty years old.

Il a dix-sept ans.
He is seventeen.

Ils ont douze ans, huit ans, et cinq ans.
They are twelve, eight, and five.

Since the verb avoir is used to express age, the words "an" (year) or "ans" (years) cannot be omitted in French: J'ai vingt ans.

---

5. ÊTRE EN TRAIN DE + INFINITIF / TO BE IN THE PROCESS OF DOING SOMETHING

je suis en train de...	nous sommes en train de...
tu es en train de...	vous êtes en train de...
il est en train de...	ils sont en train de...

In English, this is often just the gerund:

Je lis
I read
I am reading

Je suis en train de lire.
I am reading (with more emphasis on the progression of the action).

Mme Sorel sert du café.
Mrs. Sorel serves coffee.

Mme Sorel est en train de servir du café.
Mrs. Sorel is serving coffee.

Qu'est-ce que vous dites?
What do you say?

Qu'est-ce que vous êtes en train de dire?
What are you saying (now)?

Nous sommes en train de boire du thé.
We are drinking tea.

Mes amis ne sont pas en train de regarder la télé.
My friends are not watching television.

Êtes-vous en train de lire cette section?
Are you in the process of reading this section?

6. LES COMPARATIFS / THE COMPARATIVES

A) plus + adjectif + que
more + adjective + than

Il est <u>plus grand que</u> sa soeur.
He is taller than his sister.

Mon appartement est <u>plus petit que</u> le vôtre.
My apartment is smaller than yours.

B) moins + adjectif + que
less + adjective + than

Nous sommes <u>moins patients</u> que vous.
We are less patient than you (are).

Les trains de banlieue sont <u>moins confortables que</u> le TGV.
The commuter trains are less comfortable than the TGV.

C) aussi + adjectif + que
as + adjective + than

Sophie est <u>aussi intelligente</u> que Jacques.
Sophie is as intelligent as Jacques.

Albert est <u>aussi gentil que</u> Paul.
Albert is as nice as Paul.

Je suis <u>aussi fatigué que</u> vous!
I am as tired as you!

7. LA PLACE DU PRONOM / THE POSITION OF THE PRONOUN

Vous m'avez parlé./Vous pouvez me parler.
You spoke to me./You can speak to me.

Notice the difference in the position of an object pronoun in a sentence:

In the "passé composé," the object pronoun is always placed *before* avoir or être.

Examples: Je <u>l</u>'ai lu.
I have read it.

Nous <u>leur</u> avons dit bonjour.
We said hello to them.

Vous ne <u>m</u>'avez pas écouté.
You didn't listen to me.

Tu <u>y</u> es allé.
You went there.

But remember (Lesson 10) that when you use a modifying verb (such as **pouvoir, vouloir, savoir, espérer, aimer, aller,** etc.) + *infinitive*, the object pronoun is always placed *before the inifinitive*.

Examples: **Vous pouvez me parler.**
You can speak to me.

Je ne veux pas y aller.
I don't want to go there.

Nous espérons le lire.
We hope to read it.

Tu vas lui dire bonjour.
You are going to say hello to him.

VOCABULAIRE / **VOCABULARY**

Parlons!: Let's talk!
Parlons de la famille!: Let's talk about the family!
est allé: has gone
pour lui dire bonjour: to say hello to her
nos deux amis: our two friends
sont assis: are sitting
le salon: the living room
la femme: the wife
le mari: the husband
de la famille: of the family
un frère: a brother
une sœur: a sister
un oncle: an uncle
célibataire: unmarried, single
marié♂/mariée♀: married
un enfant: a child
trois enfants: three children
un fils: a son
une fille: a daughter
le père: the father
la mère: the mother
le grand-père: the grandfather
la grand-mère: the grandmother
un neveu: a nephew
les neveux: the nephews
une nièce: a niece
les nièces: the nieces
les parents: the parents
chez mes parents: at my parents' house
un cousin♂/une cousine♀: a cousin

en train de servir: serving
encore du café: more coffee
Je veux bien.: Yes, thank you.
sans: without
le sucre: the sugar
vous savez: you know (formal/plural)
comme: like, as
boire: to drink
je bois: I drink
je préfère: I prefer
moins: less
beaucoup moins: much less
quelque chose: something
quelqu'un: someone
vous m'avez dit: you told me
vous venez de Bordeaux: you come from Bordeaux
à Bordeaux: in Bordeaux
à Pau: in Pau
Quel âge avez-vous?: How old are you?
douze ans: 12 years (old)
Il a douze ans: He's 12 years old.
Elles ont huit ans et cinq ans.: They are 8 years old and 5 years old.
vous habitez: you live (reside)
j'habite: I live (reside)
habiter (regular "er" verb): to live (reside)
la banlieue: the suburbs/outskirts
parisien♂/parisienne♀: Parisian
pour venir: in order to come
le train: the train
c'est pourquoi…: that's why…
je cherche: I look for
chercher (regular "er" verb): to look for
plus petit que: smaller than
pas aussi vite: not as fast
le vôtre♂/la vôtre♂/les vôtres♂/♀: yours
le journal: the newspaper
trouver (regular "er" verb): to find
rien: nothing
je ne trouve rien: I find nothing
le centre: the center
en plein centre: right in the center
c'est ça: that's what
difficile: difficult
facile: easy
c'est ça qui est difficile: that's what's difficult
pressé♂/pressée♀ (sing.): in a hurry
  pressés♂/pressées♀ (plur.)

un instant: a moment
pour l'instant: for the moment
mal: bad(ly)
pas si mal: not so bad
près de chez nous: near our house
même: same
dans la même banlieue: in the same suburb
un studio: a studio
Montparnasse: Montparnasse is a section of Paris, on the left bank.
Lyon: the city of Lyon
un ami♂/une amie♀: a friend
un ami♂/une amie♀ d'enfance: a childhood friend
en fait: in fact, actually
elle leur téléphone: she calls them
elle va les voir: she goes to see them
pour y aller: in order to get there
le TGV (le Train à Grande Vitesse): the fastest train in France
un train de banlieue: a commuter train
Dommage!: Too bad!
cet après-midi: this afternoon
jamais: never
souvent: often
malheureusement: unfortunately
et puis: and then
enfin: at last, finally
dès que: whenever
des vacances: vacation

EXERCICE / EXERCISE

Exercise A

RÉPONDEZ D'APRÈS LE DIALOGUE

Answer the questions using the Lesson 14 dialogue.

1. Albert est-il allé chez vous? _____

2. Chez qui est-il allé? _____

3. Qu'est-ce que Mme Sorel est en train de servir?

   _____

4. Est-ce qu'ils boivent du champagne?

   _____

5. Albert prend-il son café avec du sucre ou sans sucre?

   _____

6. Est-ce que Mme Sorel boit du café?

7. Qu'est-ce qu'elle préfère? _____

8. Est-ce que l'oncle de Mme Sorel habite à Bordeaux ou à Pau? _____

9. La sœur de Mme Sorel est-elle mariée ou célibataire?

10. Combien d'enfants a-t-elle? _____

11. Albert habite-t-il avec Nathalie?

12. Avec qui Albert habite-t-il? _____

13. Albert cherche-t-il un appartement?

14. Est-ce qu'il trouve quelque chose dans le journal?

15. Est-ce que Nathalie va à Lyon en avion?

16. Quel train prend-elle pour aller à Lyon?

17. Quand est-ce qu'elle y va? _____

18. Les trains de banlieue vont-ils aussi vite que le TGV?

Visit www.berlitzpublishing.com for a bonus internet activity—go to the downloads section and connect to the world in French!

TOUT EST BIEN QUI FINIT BIEN
ALL'S WELL THAT ENDS WELL

le voyageur	**Pardon, mademoiselle. Vous n'avez pas vu une petite valise bleue? Je l'ai laissée ici.** Pardon me, miss. Have you seen a small blue suitcase? I left it here.
la voyageuse	**Ici? Non, monsieur.** Here? No, I haven't, sir.
le voyageur	**Oh là là! J'ai perdu ma valise! C'est catastrophique! Tous mes vêtements et mes affaires sont dans cette valise!** Oh no, I have lost my suitcase! It's terrible! All my clothes and my things are in that suitcase!
la voyageuse	**Vous allez peut-être la retrouver. Voyons…Où êtes-vous allé avec votre valise? Est-ce que vous vous rappelez?** Maybe you will find it. Let's see…Where did you go with your suitcase? Do you remember?

le voyageur	Je suis parti de chez moi avec la valise. Je suis arrivé à la gare. Je suis allé au guichet acheter un billet de train. J'ai mis la valise à côté de moi. J'ai fait la queue pendant au moins vingt minutes. Hmm…La valise est peut-être restée derrière moi. Ensuite, je suis allé sur le quai attendre mon train. Malheureusement, je ne me souviens pas si j'ai quitté le guichet avec ma valise! I left home with the suitcase. I arrived at the train station. I went to the ticket booth to buy a train ticket. I put the suitcase down next to me. I stood in line for at least twenty minutes. Hmm…Maybe the suitcase stayed behind me. Then, I went out to the platform to wait for my train. Unfortunately, I don't remember if I left the ticket booth with my suitcase!
la voyageuse	Regardez la valise qui est là-bas, devant l'escalier. Est-ce la vôtre? Look at the suitcase over there, in front of the staircase. Is it yours?
le voyageur	Non, la mienne n'est pas aussi grande et la mienne a des roues. Et elle n'est pas de cette couleur. Zut alors! No, mine is not as large and mine has wheels. And it's not that color. Darn!
la voyageuse	De quelle couleur est la vôtre? What color is yours?
le voyageur	Elle est bleue. Où se trouve le Bureau des Objets Trouvés? It's blue. Where is the Lost and Found Office?
la voyageuse	Au fond de la gare. Voilà ce que je propose: retournez au guichet et moi je vais aller au Bureau des Objets Trouvés. Retrouvons-nous ici dans quinze minutes. D'accord? At the end of the station. Here is what I suggest: you go back to the ticket booth and I will go to the Lost and Found office. Let's meet back here in fifteen minutes. OK?
le voyageur	D'accord! À tout à l'heure! OK! See you later!

Au bout de 15 minutes, la voyageuse arrive avec une valise bleue à la main.
15 minutes later, the lady traveler comes back with a blue suitcase in hand.

le voyageur	**Oui! C'est ma valise! Où l'avez-vous trouvée?** Yes! This is my suitcase! Where did you find it?
la voyageuse	**Au Bureau des Objets Trouvés. Un autre touriste s'est trompé de valise au guichet, il a pris la vôtre au lieu de la sienne. Il est désolé.** At the Lost and Found office. Another tourist made a mistake and took the wrong suitcase at the ticket booth. He took yours instead of his. He is sorry.
le voyageur	**Je suis si content de retrouver ma valise!** I am so happy to find my suitcase!
la voyageuse	**Vous voyez! "Tout est bien qui finit bien."** You see! "All's well that ends well."
le voyageur	**Oui. Et merci à vous, mademoiselle, d'avoir été aussi gentille. Vous habitez à Paris?** Yes. And thank you, miss, for having been so nice. Do you live in Paris?

GRAMMAIRE / **GRAMMAR**

1. LES VERBES PRONOMINAUX / **THE REFLEXIVE VERBS**

Ce sont des verbes avec deux pronoms de la même personne.
They are verbs with two pronouns of the same person.

se tromper
to make a mistake/to be wrong

je **me** trompe	je ne **me** trompe pas
tu **te** trompes	tu ne **te** trompes pas
il/elle/on **se** trompe	il ne **se** trompe pas
nous **nous** trompons	nous ne **nous** trompons pas
vous **vous** trompez	vous ne **vous** trompez pas
ils/elles **se** trompent	ils ne **se** trompent pas

Notice the presence of "**se**" in the infinitive of a reflexive verb:
(**se** tromper). According to the different subjects, this "**se**" becomes:
me, **te**, **se** (or **s'**), **nous**, **vous**, **se** (or **s'**).

Si je dis que Paris est une petite ville, je me trompe: Paris est une grande ville!
If I say that Paris is a small town, I am mistaken: Paris is a big city!

Ce voyageur a perdu un parapluie. Non, vous vous trompez: il a perdu une valise.
This traveler has lost an umbrella. No, you are mistaken: he has lost a suitcase.

In the negative, "ne" is placed immediately after the subject:

Tu ne te trompes pas: le touriste a pris la valise!
You are not mistaken: the tourist took the suitcase!

In addition to the list of specific verbs that use être in the "passé composé" (aller, venir, rester, descendre, etc., see Lesson 13), all reflexive verbs, without exception, use être in the "passé composé."

je me suis trompé (I made a mistake/I was wrong)

tu t'es trompé

il s'est trompé

nous nous sommes trompés

vous vous êtes trompés

ils se sont trompés

je ne me suis pas trompé

tu ne t'es pas trompé

il ne s'est pas trompé

nous ne nous sommes pas trompés

vous ne vous êtes pas trompés

ils ne se sont pas trompés

Notice the "s" at the end of "trompés." It is added to the past participle (here, trompé) when the past participle is that of a verb taking être (here, se tromper) with a plural subject (nous, vous, ils). The agreement can also be with a feminine subject (elle, elles). An "e" is then added. Examples:

Je ne suis pas avec ce groupe. Vous vous êtes trompée, madame.
(vous, feminine singular here since "vous" refers to a lady)
I am not with this group. You made a mistake, madam.

Excusez-moi, <u>nous nous sommes trompés</u>. (<u>nous,</u> masculine plural)
I am sorry, we have made a mistake.

Bravo! Ces étudiantes <u>ne se sont pas trompées</u>!
(<u>étudiantes,</u> feminine plural)
Bravo! These female students didn't make a mistake!

One parenthetical remark here about the agreement of past participles. In the dialogue, you may have noticed another kind of agreement of a past participle:

> **Je <u>l</u>'ai laiss<u>ée</u> ici.** (<u>l</u>' = <u>valise,</u> feminine singular)
> I have left it here.

> **Où <u>l</u>'avez-vous trouv<u>ée</u>?**
> Where did you find it?

In the passé composé, the past participle is generally used in its basic form when using the auxiliary avoir (as seen in Lesson 11). However, when a direct object precedes the auxiliary verb avoir followed by the past participle, the past participle agrees in gender and number with the preceding direct object.

direct object (masc.) (sing.)	J'ai lu <u>le journal</u>.	I read <u>the newspaper</u>.	lire (to read) past participle: lu
	Je l'ai <u>lu</u>.	I read <u>it</u>.	
direct object (masc.) (plur.)	J'ai lu <u>ces 2 livres</u>.	I read <u>these 2 books</u>.	
	Je les ai <u>lus</u>.	I read <u>them</u>.	
direct object (fem.) (sing.)	J'ai vu <u>sa fille</u>.	I saw <u>his daughter</u>.	voir (to see) past participle: vu
	Je l'ai <u>vue</u>.	I saw <u>her</u>.	
direct object (fem.) (plur.)	J'ai vu <u>ses filles</u>.	I saw <u>his daughters</u>.	
	Je les ai <u>vues</u>.	I saw <u>them</u>.	

Voici mes livres. Je <u>les</u> ai lus. (<u>les</u> = <u>livres,</u> masculine plural)
Here are my books. I have read them.

Now back to reflexive verbs:

se trouver is another reflexive verb.
to be located/to be situated

Le Bureau des Objets Trouvés <u>se trouve</u> au fond de la gare.
The Lost and Found Office is located at the end of the station.

Où <u>se trouve</u> le jardin des Tuileries?
Where is the garden of the Tuileries located?

Vous vous trompez! Le Louvre ne se trouve pas à Lyon!
You are mistaken! The Louvre is not located in Lyon!

Je me trouve à Paris.
I am in Paris.

Hier, je me suis trouvé devant l'école à midi.
Yesterday, I found myself in front of the school at noon.

Maintenant, est-ce que vous vous trouvez à l'aéroport?
Now, are you at the airport?

se rappeler/se souvenir (de)
to recall/to remember

Est-ce que vous vous rappelez quelque chose?
Est-ce que vous vous souvenez de quelque chose?
Do you remember anything?

Nous ne nous rappelons pas où nous avons mis nos clés!
Nous ne nous souvenons pas où nous avons mis nos clés!
We don't remember where we put our keys!

Hier, je me suis rappelé(e) mes vacances en Suisse.
Hier, je me suis souvenu(e) de mes vacances en Suisse.
Yesterday, I remembered my vacation in Switzerland.
In this sentence, if the person speaking is female, then the past participle
(rappelé/souvenu) needs to agree with the feminine je ("e").

Other reflexive verbs:

se regarder
to look at oneself

se servir
to serve oneself – to help oneself

se lever
to get up

Je me suis levé(e) à 7 h.
I got up at 7:00.

se coucher
to go to bed

Nous nous couchons tard en général.
We go to bed late usually.

Pronominal verbs often express reflexive actions, that is, the subject
performs the action on itself. If the subject performs the action on someone
else, the verb is not reflexive.

Examples: laver/se laver

Je me lave. I wash/I wash myself.
Elle se lave. She washes/She washes herself.
se laver: to wash oneself (reflexive)

Je lave ma voiture. I wash my car.
Elle lave son chien. She washes her dog.
laver: to wash (not reflexive)

---

2. LES COULEURS / **THE COLORS**

De quelle couleur est le lait?
What color is milk?

Le lait est blanc.
Milk is white.

Le vin est rouge ou blanc.
Wine is red or white.

Le terrain de football est vert.
The soccer field is green.

Le canari est jaune.
The canary is yellow.

L'uniforme des agents de police est bleu.
The police officers' uniform is blue.

Je n'aime pas le lait: je bois du café noir.
I don't like milk: I drink black coffee.

Ensemble, le blanc et le noir font le gris.
Together, white and black make gray.

Other examples (notice the usual agreement of the adjectives with
the nouns):

À New York, les taxis sont jaunes.
In New York, taxi cabs are yellow.

Ce film n'est pas en couleur: il est en noir et blanc.
This movie is not in color: it's in black and white.

Ta valise est-elle verte?
Is your suitcase green?

Non! Elle n'est pas de cette couleur!
No, it's not that color!

Est-elle grise? Noire? Blanche? Rouge? Jaune? Orange?
Is it gray (feminine)? Black? White? Red? Yellow? Orange?

De quelle couleur est-elle?
What color is it?

Elle est bleue. C'est une valise bleue. C'est une petite valise bleue!
It's blue. It's a blue suitcase. It's a small blue suitcase!

3. TOUT/TOUTE/TOUS/TOUTES / ALL (ADJECTIVE OR PRONOUN)

As an adjective, tout can be followed by an article (le, la, etc.), by a possessive adjective (mon, ma, mes, etc) or by an demonstrative adjective (ce, cette, etc). And as any adjective, tout agrees in gender and number with the noun it modifies (tout, toute, tous, toutes).

Examples:		
	tout ce travail	all this work
	toute l'année	the whole year/all year long
	tous mes amis	all my friends
	toutes les semaines	every week (week after week, plural)
	toute la semaine	all the week (this entire week, singular)

J'ai bu <u>tout</u> le café.
I drank all the coffee.

("café" is masculine and singular: <u>le</u> café – <u>tout</u> le café)

Vous travaillez <u>toute</u> la semaine.
You work the whole week.

("semaine" is feminine and singular: <u>la</u> semaine – <u>toute</u> la semaine)

<u>Tous</u> les vêtements sont dans le sac.
All my clothes are in the bag.

(<u>Vêtements</u> is masculine and plural: <u>les</u> vêtements – <u>tous</u> les vêtements)

Le porteur a pris <u>toutes</u> les valises!
The porter took every suitcase!

("valises" is feminine and plural: <u>les</u> valises – <u>toutes</u> les valises)

As a pronoun, tout has the meaning of "everything" or "all" and has only one neutral form.

Example: "<u>Tout</u> est bien qui finit bien!"
"All's well that ends well!"

4. LES PRÉPOSITIONS / **THE PREPOSITIONS**

J'ai mis ma valise <u>à côté de</u> moi.
I have put my suitcase <u>next</u> to me.

Le Bureau des Objets Trouvés est <u>au fond de</u> la gare.
The Lost and Found Office is <u>at the end</u> of the station.

Study prepositions with their opposites, whenever they have one:

La leçon 14 est <u>avant</u> la leçon 15. La leçon 16 est <u>après</u> la leçon 15.
Lesson 14 is <u>before</u> Lesson 15. Lesson 16 is <u>after</u> Lesson 15.

Il faut écrire l'adresse <u>sur</u> l'enveloppe.
One must write the address <u>on</u> the envelope.

Qu'est-ce qu'il y a <u>sous</u> la table?
What is there <u>under</u> the table?

Regardez la valise qui est <u>devant</u> l'escalier!
Look at the suitcase that's <u>in front</u> of the stairs.

Il y a une autre voiture <u>derrière</u> nous!
There is another car <u>behind</u> us.

Je suis allé <u>à</u> la gare.
I went <u>to</u> the station.

Mme Sorel vient <u>de</u> Bordeaux.
Mrs. Sorel comes <u>from</u> Bordeaux.

---

5. LES PRONOMS POSSESSIFS / **THE POSSESSIVE PRONOUNS**

Possessive pronouns replace nouns that are modified by a possessive adjective or any kind of possessive construction. In French, the definite article (**le, la, les**) is always used with the possessive pronoun. Examples:

C'est ma valise. (ma is a possesive adjective modifying the noun valise)
This is my suitcase.

C'est <u>la mienne</u>. (the definite article "la" precedes the possessive pronoun)
This is mine.

<u>le</u> mien♂/<u>la</u> mienne♀/<u>les</u> miens♂/<u>les</u> miennes♀
mine

le tien♂/la tienne♀/les tiens♂/les tiennes♀
yours (familiar)

le sien♂/la sienne♀/les siens♂/les siennes♀
his or hers

le nôtre♂/la nôtre♀/les nôtres♂/♀
ours

le vôtre♂/la vôtre♀/les vôtres♂/♀
yours (formal or plural)

le leur♂/la leur♀/les leurs♂/♀
theirs

Examples: Ce n'est pas ma valise! La mienne est plus petite.
(valise, feminine singular)
That is not my suitcase! Mine is smaller.

La nôtre a des roues.
Ours has wheels.

Voyez-vous ces livres? Ce sont les miens.
(livres, masculine plural)
Do you see these books? They are mine.

Je cherche un appartement plus petit que le vôtre.
(appartement, masculine singular)
I'm looking for an apartment smaller than yours.

Nos cartes sont rouges. De quelle couleur sont les vôtres?
(cartes, feminine plural)
Our cards are red. What color are yours?

Tu as ta voiture. Est-ce qu'ils ont la leur?
(voiture, feminine singular)
You have your car. Do they have theirs?

VOCABULAIRE / VOCABULARY

tout: everything
bien: well
un voyageur♂/une voyageuse♀: a traveler
je l'ai laissée: I left it
laisser (regular "er" verb): to leave behind/to forget
j'ai perdu: I lost
perdre (regular "re" verb): to lose
retrouver (regular "er" verb): to find again
catastrophique: terrible, disastrous
mes vêtements: my clothes
un vêtement: a piece of clothing

mes affaires: my things
se rappeler: to remember
je me rappelle: I remember
vous vous rappelez votre voyage: you remember your trip
la gare: the station
le guichet: the ticket booth, the teller
acheter: to buy
un billet de train: a train ticket
faire la queue: to stand in line
j'ai fait la queue: I stood in line
pendant: during, for
pendant vingt minutes: for twenty minutes
au moins: at least
je suis allé sur le quai: I went out to the platform
attendre: to wait for
attendre le train: to wait for the train
l'escalier: the staircase
un escalier: a staircase
la mienne: mine (feminine singular)
pas aussi grande: not so big
pas aussi grande que la vôtre: not as big as yours
la couleur: the color
de quelle couleur: what color
se trouver: to be situated
objets trouvés: found property
un objet: an object
au fond de la gare: at the back of the station
le comptoir: the counter
des roues: the wheels
une roue: a wheel
transporter (regular "er" verb): to carry, transport
les autres bagages: the other luggage
quels autres bagages?: what other luggage
un groupe: a group
se tromper: to make a mistake/to be mistaken/to be wrong
il s'est trompé: he made a mistake/he was mistaken/he was wrong
vous vous êtes trompé: you made a mistake/you were mistaken/you were wrong
je me suis trompé: I made a mistake/I was mistaken/I was wrong
par erreur: by mistake
il est désolé: he is sorry
si content de la retrouver: so happy to find it
content ♂/contente ♀ (sing.): happy
    contents ♂/contentes ♀ (plur.)
peut-être: perhaps
devant: in front of

derrière: behind
avec: with
sans: without
sur: on
sous: under
à côté de: beside/next to
au fond de: at the end of
autre♂/♀ (sing.): other
   autres♂/♀ (plur.)
en même temps: at the same time
Vous voyez!: You see!
Merci d'avoir été...: Thank you for having been...

EXERCICE / EXERCISE

RÉPONDEZ D'APRÈS LE DIALOGUE

Answer the questions using the Lesson 15 dialogue.

1. Nos deux voyageurs sont-ils dans un aéroport ou dans une gare? _____

2. Savez-vous où est le Bureau des Objets Trouvés, dans cette gare? _____

3. Est-ce que le monsieur cherche son parapluie?

_____

4. Qu'est-ce qu'il cherche? _____

5. Il a perdu cette valise, n'est-ce pas?

_____

6. Il voit une valise devant l'escalier. Est-ce que c'est la sienne?

_____

7. La sienne est-elle plus petite ou plus grande?

_____

8. Est-ce qu'elle est de la même couleur?

_____

9. De quelle couleur est la sienne: grise, blanche, verte ou bleue? _____

10. Qu'est-ce qu'il y a dans sa valise?

_____

Exercise A

11. A-t-il laissé sa valise chez vous? _____

12. A-t-il donné sa valise à un ami?

_____

13. Il est arrivé à la gare avec la valise, n'est-ce pas?

_____

14. Est-ce qu'il a mis la valise dans le train?

_____

15. Est-il allé au guichet avec la valise?

_____

16. A-t-il mis la valise sur le comptoir du guichet?

_____

17. Au guichet, le voyageur a-t-il fait la queue?

_____

18. Il a attendu pour acheter un billet de train, n'est-ce pas?

_____

19. Est-ce qu'il a quitté le guichet avec sa valise?

_____

20. Qui a retrouvé la valise? _____

21. Où est-ce que la voyageuse a retrouvé la valise?

_____

22. Le voyageur est-il content de retrouver sa valise?

_____

23. Est-ce que la voyageuse a été gentille?

_____

24. Sait-on où elle habite? _____

25. Mais le voyageur veut le savoir, n'est-ce pas?

_____

Visit www.berlitzpublishing.com for a bonus internet activity—go to the downloads section and connect to the world in French!

REVIEW: LESSONS 13-15

Réécoutez et répétez à haute voix les dialogues 13 à 15.
Listen again and repeat out loud dialogues 13 through 15.

Dialogue 13   POURRIEZ-VOUS M'INDIQUER LE CHEMIN?

une touriste, à Paris	**Pardon, monsieur l'agent…Je voudrais aller au musée du Louvre. Pourriez-vous m'indiquer le chemin, s'il vous plaît?**
un agent de la circulation	**Mais certainement, madame. Voyons…Où sommes-nous? Ah, oui! Descendez cette rue jusqu'au boulevard des Italiens. C'est le boulevard que vous voyez là-bas. Quand vous arrivez au boulevard des Italiens, tournez à droite. Ensuite, allez tout droit jusqu'à la place de l'Opéra. À la place de l'Opéra, tournez à gauche. Prenez l'avenue de l'Opéra. Continuez**

	tout droit, jusqu'au rond-point de la Comédie Française.
la touriste	Oh là là! C'est loin!
l'agent	Mais non, c'est à environ vingt minutes à pied!
la touriste	Vraiment? Bon. Une fois au rond-point de la Comédie Française, je vais où?
l'agent	Après, c'est très facile. Traversez la rue de Rivoli, qui est en face de vous. Marchez en direction du jardin des Tuileries. Et voilà, vous êtes arrivée!
la touriste	Je suis arrivée? Où?
l'agent	Mais à l'esplanade du Carrousel! Vous allez reconnaître la grande pyramide du Louvre qui se trouve au milieu!
la touriste	C'est là que se trouve l'entrée du musée, n'est-ce pas? Je l'ai lu dans une brochure.
l'agent	Oui, c'est là qu'on vend les billets pour visiter le Louvre.
la touriste	Merci bien, monsieur l'agent. Au revoir.
l'agent	Au revoir, madame. Et bonne promenade!

Dialogue 14 PARLONS DE LA FAMILLE

Cet après-midi, Albert est allé chez Mme Sorel pour lui dire bonjour. Maintenant, nos deux amis sont assis dans le salon de la famille Sorel. Mme Sorel est en train de servir du café.

Mme Sorel	Encore du café, Albert?
Albert	Oui, je veux bien, merci. Sans sucre, s'il vous plaît. Et vous? Vous ne prenez pas de café?
Mme Sorel	Non, je ne bois jamais de café. Je préfère le thé.
Albert	Vous m'avez dit que vous venez de Bordeaux. Avez-vous de la famille, là-bas?
Mme Sorel	Oh oui! J'ai un frère et une sœur à Bordeaux. Et j'ai aussi un oncle à Pau, un peu plus au sud. Mon frère est célibataire – comme vous, Albert! Ma sœur est mariée. Elle a trois enfants: un fils et deux filles.

Albert	Quel âge ont-ils?
Mme Sorel	Le garçon a douze ans. Mes nièces ont huit ans et cinq ans. Et vous, Albert, où habitez-vous?
Albert	Moi, j'habite dans la banlieue parisienne avec mon père, ma mère, mon grand-père et ma grand-mère.
Mme Sorel	Mais vous travaillez à Paris? Dans une banque, n'est-ce pas?
Albert	Oui. Pour venir, je prends le train. C'est pourquoi je cherche un appartement à Paris. Un appartement plus petit que le vôtre, bien sûr! Je regarde dans le journal. Mais je ne trouve rien.
Mme Sorel	Si vous voulez quelque chose en plein centre, ça va être difficile!
Albert	Oui, je sais. Enfin, je ne suis pas pressé. Pour l'instant, je ne suis pas si mal chez mes parents. Et puis, j'ai mes cousins et mes cousines qui habitent près de chez nous, dans la même banlieue.
Mme Sorel	Et votre amie, Nathalie? Elle habite aussi avec sa famille?
Albert	Non, elle a un studio près de Montparnasse. Ses parents sont à Lyon.
Mme Sorel	Je connais quelqu'un qui habite à Lyon…une amie d'enfance. Mais, dites! Nathalie ne doit pas voir ses parents souvent…
Albert	En fait, elle leur téléphone souvent. Et elle va les voir dès qu'elle a des vacances. C'est facile. Pour y aller, elle prend toujours le TGV. Ça va plus vite.
Mme Sorel	Malheureusement, les trains de banlieue ne vont pas aussi vite! Dommage pour vous!

Dialogue 15 "TOUT EST BIEN QUI FINIT BIEN"

le voyageur	Pardon, mademoiselle. Vous n'avez pas vu une petite valise bleue? Je l'ai laissée ici.
la voyageuse	Ici? Non, monsieur.

165

le voyageur	Oh là là! J'ai perdu ma valise! C'est catastrophique! Tous mes vêtements et mes affaires sont dans cette valise!
la voyageuse	Vous allez peut-être la retrouver. Voyons…Où êtes-vous allé avec votre valise? Est-ce que vous vous rappelez?
le voyageur	Je suis parti de chez moi avec la valise. Je suis arrivé à la gare. Je suis allé au guichet acheter un billet de train. J'ai mis la valise à côté de moi. J'ai fait la queue pendant au moins vingt minutes. Hum…La valise est peut-être restée derrière moi. Ensuite, je suis allé sur le quai attendre mon train. Malheureusement, je ne me souviens pas si j'ai quitté le guichet avec ma valise!
la voyageuse	Regardez la valise qui est là-bas, devant l'escalier. Est-ce la vôtre?
le voyageur	Non, la mienne n'est pas aussi grande et la mienne a des roues. Et elle n'est pas de cette couleur. Zut alors!
la voyageuse	De quelle couleur est la vôtre?
le voyageur	Elle est bleue. Où se trouve le Bureau des Objets Trouvés?
la voyageuse	Au fond de la gare. Voilà ce que je propose: retournez au guichet et moi je vais aller au Bureau des Objets Trouvés. Retrouvons-nous ici dans quinze minutes. D'accord?
le voyageur	D'accord! À tout à l'heure!

Au bout de 15 minutes, la voyageuse arrive avec une valise bleue à la main.

le voyageur	Oui! C'est ma valise! Où l'avez-vous trouvée?
la voyageuse	Au Bureau des Objets Trouvés. Un autre touriste s'est trompé de valise au guichet, il a pris la vôtre au lieu de la sienne. Il est désolé.
le voyageur	Je suis si content de retrouver ma valise!
la voyageuse	Vous voyez! "Tout est bien qui finit bien."
le voyageur	Oui. Et merci à vous, mademoiselle, d'avoir été aussi gentille. Vous habitez à Paris?

EXERCICES / **EXERCISES**

CHOISISSEZ LE MOT APPROPRIÉ

Complete these sentences by choosing the appropriate word.

Exemple: Je voudrais t'indiquer le chemin. (arriver/indiquer/aller)

1. Ce monsieur est un _____ de la circulation. (musée/touriste/agent)

2. Pour _____, prenez l'ascenseur. (descendre/lire/visiter)

3. Il faut tourner à _____. (là-bas/droite/droit)

4. Le boulevard Haussmann, c'est le boulevard que nous voyons à _____. (gauche/droit/milieu)

5. Continuez _____ la place de l'Opéra. (jusqu'au/jusqu'à/jusqu'aux)

6. Où se trouve le _____ de la Comédie Française? (rue/place/rond-point)

7. Mais non, ce n'est pas loin, c'est _____! (près/à pied/bon)

8. Le Louvre est _____ trente minutes d'ici. (de/à/pour)

9. Est-ce que vous y allez _____ ou en voiture? (maintenant/toujours/à pied)

10. Y allez-vous avant la leçon, ou _____? (après/loin/derrière)

11. Est-ce _____ ou difficile? (ici/facile/quelque chose)

12. La pyramide se trouve _____ de l'esplanade du Carrousel. (sous/sans/au milieu)

13. La touriste a lu une _____ sur le Louvre. (brochure/journal/entrée)

14. Nous allons faire une petite _____ à pied. (voyage/chemin/promenade)

15. Nos amis sont _____ dans le salon. (assis/français/boire)

16. Mme Sorel est la _____ de M. Sorel. (femme/cousin/frère)

17. Elle est en train ＿＿＿＿＿＿＿ servir le café. (à/de/du)

18. Albert prend son café ＿＿＿＿＿＿＿ sucre. (pour/sans/ devant)

19. Albert n'est pas le ＿＿＿＿＿＿＿ de Nathalie. (agent/ employé/mari)

20. Je ne bois ＿＿＿＿＿＿＿ de thé. (jamais/toujours/rien)

21. Tu n'écoutes ＿＿＿＿＿＿＿! (quelqu'un/personne/moi)

22. Mon oncle ＿＿＿＿＿＿＿ soixante ans. (est/as/a)

23. Le frère de Mme Sorel est ＿＿＿＿＿＿＿. (célibataire/ soeur/fils)

24. Quel âge ＿＿＿＿＿＿＿ -tu? (es/est/as)

25. Albert habite dans la ＿＿＿＿＿＿＿ parisienne. (gare/ hôtel/banlieue)

26. Le père de mon père est mon ＿＿＿＿＿＿＿. (fils/mari/ grand-père)

27. On prend l'avion à l' ＿＿＿＿＿＿＿. (gare/aéroport/ maison)

28. Je lis le ＿＿＿＿＿＿＿ tous les jours. (brochure/leçon/ journal)

29. Albert cherche mais il ne ＿＿＿＿＿＿＿ rien. (va/vient/ trouve)

30. Notre-Dame est en plein ＿＿＿＿＿＿＿ de Paris. (centre/ boulevard/banlieue)

31. Vite! Je suis ＿＿＿＿＿＿＿! (pressé/temps/marié)

32. Nathalie va à Lyon ＿＿＿＿＿＿＿ elle a des vacances. (dès qu'/avec/pourquoi)

33. En TGV, ça va ＿＿＿＿＿＿＿ vite! (plus/rien/personne)

34. Je ne me ＿＿＿＿＿＿＿ pas où j'ai mis mon passeport. (trouve/perds/rappelle)

35. Le voyageur a fait la ＿＿＿＿＿＿＿ pour acheter un billet de train. (valise/queue/voiture)

36. Êtes-vous assis ＿＿＿＿＿＿＿ de moi? (devant/derrière/à côté)

37. Il y a un ＿＿＿＿＿＿＿ pour aller au premier étage. (escalier/train/taxi)

38. De quelle _____ est votre livre? (petit/grand/couleur)

39. Où _____ le Bureau des Objets Trouvés? (se trompe/se rappelle/se trouve)

40. Une voiture a quatre _____. (porteurs/roue/roues)

41. _____ avez-vous trouvé cet objet? (qui/où/que)

42. Il a pris toutes les valises en _____ temps. (même/moins/aussi)

43. _____-moi, je suis désolé. (Trompez/Trouvez/Excusez)

44. Cette clé n'est pas la _____! (mien/mienne/miennes)

45. Est-ce que vous _____ me vendre un billet, s'il vous plaît? (pouvoir/pourriez/voudrais)

46. Cette question _____ l'exercice. (commence/finir/finit)

COMPLÉTEZ LES PHRASES AVEC LE PASSÉ COMPOSÉ DES VERBES

Conjugate the verbs in the past tense (passé composé).

Exemples: Hier, est-ce que tu <u>as été</u> fatigué après la classe? (être)
Je <u>suis sorti</u> à midi. (sortir)

Exercise B

1. Hier, nous _____ beaucoup de travail. (avoir)

2. Albert _____ un mois à Lyon. (rester)

3. Hier, nous _____ la cuisine pour nos amis. (faire)

4. Est-ce que vous _____ un taxi pour visiter Paris? (prendre)

5. Où _____-tu _____? (aller)

6. J' _____ mon nom sur l'enveloppe. (mettre)

7. Qu'est-ce que tu _____? (dire)

8. Le voyageur _____ à dix heures. (arriver)

9. On _____ une brochure sur le Louvre. (lire)

10. Est-ce que cette voyageuse _____ prendre l'avion? (pouvoir)

11. Hier, je _____ au bureau sans la voiture. (venir)

12. Hier matin, nous n' _____ pas _____ l'autobus. (voir)

13. _____-tu _____ ton parapluie? (apporter)

14. Je _____ en vacances sans ma famille. (partir)

15. Les employés n' _____ pas _____ bonjour au patron. (dire)

16. Nous _____ une carte de France. (acheter)

17. Est-ce que l'agent _____ au touriste? (répondre)

18. Je n' _____ pas _____ visiter tout le musée. (pouvoir)

19. Vous n' _____ pas _____ le temps? (avoir)

20. Albert _____t-il _____ faire la cuisine? (vouloir)

21. Aujourd'hui il ne pleut pas. Mais hier, est-ce qu'il _____? (pleuvoir)

22. Qu'est-ce que vous _____ hier soir? (faire)

23. Thomas n' _____ pas encore _____ de vacances. (revenir)

24. _____-vous déjà _____ au musée d'Orsay? (aller)

25. À quelle heure cet employé _____ t-il _____ au bureau? (arriver)

26. Paul m' _____ une carte postale. (envoyer)

27. _____-tu _____ au rez-de-chaussée? (descendre)

28. Je _____ tout l'après-midi au musée au Louvre. (rester)

29. Ils _____ les billets à l'entrée. (vendre)

30. Nous _____ le verbe qu'il faut! (choisir)

CHOISISSEZ QUI OU QUE (OU QU')

Complete the sentences with qui, que (or qu')

Exemples: Vous pouvez prendre le journal qui est devant vous.
Je sais que vous avez vendu votre voiture.
Les étudiants qu'on connait sont belges.

1. Connaissez-vous le monsieur _____ est sorti?

2. L'avenue _____ est en face de nous est l'avenue des Champs-Élysées.

3. Les amis _____ elle attend vont arriver à quatre heures.

4. La brochure _____ nous lisons est très intéressante.

5. Avez-vous parlé au monsieur _____ est venu ce matin?

6. Comment s'appelle le garçon _____ a téléphoné?

7. Le musée _____ nous avons visité hier est le Louvre.

8. Tu vas reconnaître la pyramide _____ se trouve au milieu.

9. Ils disent _____ le jardin des Tuileries est très beau.

10. Le voyageur _____ a perdu sa valise s'appelle Dubois.

11. On sait bien _____ la pyramide est l'entrée du musée.

12. Voici la réceptionniste _____ m'a répondu au téléphone.

13. Où se trouve le jardin _____ elle a visité?

14. Les voyageurs ont pris le premier autobus _____ est arrivé!

15. Quel est le restaurant _____ tu préfères?

Exercise D

RÉPONDEZ À LA FORME NÉGATIVE

Answer the questions in the negative form.

Exemples: Est-ce que tu bois quelque chose?
<u>Non, je ne bois rien.</u>

Est-ce que tu attends quelqu'un?
<u>Non, je n'attends personne.</u>

1. Est-ce que tu écris quelque chose en espagnol?

   _____

2. Est-ce que tu vois quelqu'un devant toi?

   _____

3. Écoutes-tu quelque chose à la radio?

   _____

4. Lis-tu quelque chose dans le journal?

   _____

5. Appelles-tu quelqu'un au téléphone?

   _____

Exercise E

RÉPONDEZ AVEC EN TRAIN DE + INFINITIF

Answer these questions using the progressive present "être en train de" **followed by the infinitive form of the main verb.**

Exemples: Le garçon sert-il le thé?
<u>Oui, il est en train de servir le thé.</u>

Est-ce que vous étudiez le français?
<u>Oui, je suis en train d'étudier le français.</u>

1. Regardez-vous la télé? _____

2. Nathalie boit-elle du café? _____

3. Est-ce que vous écoutez de la musique?

   _____

4. M. Sorel lit-il son journal? _____

5. Finissez-vous cet exercice? _____

RÉPONDEZ PAR DES PHRASES COMPLÈTES

Answer with complete sentences.

1. L'avion va-t-il plus vite que le train?

   _____

2. En France, l'hiver est-il plus froid que l'automne?

   _____

3. Est-ce que Monaco est moins grand que Paris?

   _____

4. Les trains de banlieue vont-ils moins vite que le TGV?

   _____

5. Le jardin des Tuileries se trouve-t-il à Bordeaux?

   _____

6. De quelle couleur est le ciel quand il fait beau?

   _____

7. Est-ce que ce livre est le vôtre?

   _____

8. Avez-vous fini tous les exercices de cette leçon?

   _____

9. La leçon 16 est-elle avant la leçon 17 ou après la leçon 17?

   _____

10. Avez-vous lu tout le livre?_____

Visit www.berlitzpublishing.com for a bonus internet activity—go to the downloads section and connect to the world in French!

17

À QUELLE HEURE VOUS LEVEZ-VOUS?
AT WHAT TIME DO YOU GET UP?

Abou a de la famille à la campagne. Une de ses cousines, qui s'appelle Awa, vient de temps en temps à Paris. Elle vient passer quelques jours de vacances chez Abou. Les deux jeunes gens, qui ont le même âge, sortent souvent ensemble pour s'amuser dans la capitale.

Abou has family in the country. One of his cousins, whose name is Awa, comes to Paris from time to time. She comes and spends a few days vacation at Abou's. The two youngsters, who are the same age, often go out together to have fun in the capital.

Awa	**Je trouve que les gens se lèvent tard à Paris!**
	I find people get up late in Paris!
Abou	**Ceux qui sont en vacances, comme nous, oui. Chez toi, à la campagne, à quelle heure te lèves-tu?**
	Those who are on vacation, like us, yes. At your house, in the country, what time do you get up?
Awa	**Oh, beaucoup plus tôt. Là-bas, je me lève à six heures du matin. Je me lave, je me brosse les dents et je m'habille avant le lever du soleil!**

Oh, much earlier. There, I get up at six in the morning.
I wash, I brush my teeth, and I get dressed before
sunrise!

Abou   C'est probablement parce que tu te couches tôt.
It's probably because you go to bed early.

Awa   Tu as raison. Je ne me couche jamais après dix
heures du soir.
You are right. I never go to bed after ten at night.

Abou   Nous, les Parisiens, on se couche beaucoup plus
tard que ça.
We Parisians go to bed much later than that.

Awa   C'est normal. Il y a tant de choses à faire ici. Là-bas,
au contraire, il n'y a rien pour les jeunes. Moi, je
lis et je regarde la télé. Chez nous, quelquefois, on
joue aux cartes. Voilà, c'est tout! Alors bien sûr, je
m'ennuie...et je me couche tôt.
That's natural. There are so many things to do here.
Back home, on the contrary, there is nothing for young
people. I read and I watch TV. At home, sometimes we
play cards. There, that's it! So naturally I get bored...and
I go to bed early.

Abou   C'est pour ça que je n'aime pas la campagne. C'est
trop tranquille. Ça me semble monotone.
That's why I don't like the country. It's too quiet. It seems
monotonous to me.

Awa   Tu peux le dire! Mes parents se sont habitués à ce
mode de vie. Ils disent qu'à la campagne, on se
repose. Mais moi, la campagne, ce n'est pas
vraiment mon truc.
You can say that again! My parents have gotten used to
that way of life. They say that you can relax in the country.
But for me, living in the country is not really my thing.

Abou   Je suis d'accord avec toi! Je suis trop jeune pour
me reposer. Tu sais, Awa, tu peux venir habiter
chez nous quand tu veux. Mes parents t'aiment
beaucoup. Notre maison est la tienne.
I agree with you! I am too young to relax. You know,
Awa, you can come and live with us whenever you
like. My parents are very fond of you. Our home is your
home.

Awa   Merci, Abou. Mais je préfère venir ici en vacances,
pour m'amuser.
Thank you, Abou. But I'd rather come here on vacation,
to have fun.

> Abou   Je te comprends! Alors, qu'est-ce qu'on va faire ce soir?
> I understand. So what are we going to do tonight?
>
> Awa   Eh bien, je viens d'acheter Pariscope*. Voyons s'il y a quelque chose qui nous plaît.
> Well, I just bought the Pariscope magazine. Let's see if there is something we like.

*This weekly magazine comes out every Wednesday in Paris and is sold at every kiosk there. In it, you can find everything that is happening in Paris for that week.

GRAMMAIRE / GRAMMAR

1. LES VERBES PRONOMINAUX (SUITE) / PRONOMINAL VERBS (CONTINUED)

A) s'amuser
to have fun/to have a good time

Nous nous amusons toujours à Paris!
We always have fun in Paris!

Hier soir, est-ce que vous vous êtes amusés?
Did you have fun last night?

Abou ne s'est pas amusé hier à l'école.
Abou didn't have a good time at school yesterday.

B) s'ennuyer
to get bored

Je ne m'ennuie jamais avec toi!
I never get bored with you!

Si vous vous ennuyez, regardez la télévision.
If you get bored, watch television.

Les enfants se sont ennuyés au concert.
The children got bored at the concert.

C) se lever
to get up/to stand up

À quelle heure vous levez-vous le matin?
At what time do you get up in the morning?

Je ne me lève jamais avant six heures.
I never get up before six.

D) se coucher
to go to bed

Awa trouve que les Parisiens se couchent tard.
Awa finds that Parisians go to bed late.

À quelle heure t'es-tu couché, hier?
At what time did you go to bed yesterday?

E) se reposer
to rest

À la campagne, on se repose beaucoup.
In the country, one gets a lot of rest.

Dès que je suis fatigué, je me repose.
As soon as I am tired, I rest.

F) se laver
to wash (oneself)

G) se peigner
to comb one's hair

Je me lave et je me peigne à l'hôtel.
I wash and I comb my hair at the hotel.

H) se raser
to shave

M. Sorel se rase chaque matin.
Mr. Sorel shaves every morning.

I) se maquiller
to use make up

Mme Sorel ne se maquille pas beaucoup.
Mrs. Sorel doesn't use much makeup.

J) s'habiller
to get dressed/to dress up

T'habilles-tu pour aller à l'Opéra?
Do you dress up to go to the Opera?

K) s'habituer (à)
to get used to

Est-ce que vous vous êtes habitué à la cuisine française?
Did you get used to French cooking?

Mes parents se sont habitués à ce mode de vie.
My parents have gotten used to that way of life.

In the last example, habitué has an "s" because the past participle of any verb using être (here "sont") must agree with its subject (here "mes parents," plural).

2. LES PRONOMS DÉMONSTRATIFS / DEMONSTRATIVE PRONOUNS

Les pronoms démonstratifs:

celui(♂)/celle(♀), (sing.)

ceux(♂)/celles(♀), (plur.)

Où est mon journal? Ce n'est pas celui qui est sur la table.
(journal, masculine singular, celui)
Where is my newspaper? It's not the one that's on the table.

Voici ma voiture et voilà celle de M. Sorel.
(voiture, feminine singular, celle)
Here is my car, and there is Mr. Sorel's.

Ces voyageurs sont ceux que vous connaissez.
(voyageurs, masculine plural, ceux)
Those travelers are the ones (whom) you know.

Prenez vos valises et celles de l'autre voyageur.
(valises, feminine plural, celles)
Take your suitcases and the other traveler's.

As exemplified above, the most typical uses of the demonstrative pronouns are with qui, que, or de.

Examples:	le journal qui...	– celui qui...
	le journal que...	– celui que...
	le journal de...	– celui de...
	la maison qui...	– celle qui...
	la maison que...	– celle que...
	la maison de...	– celle de...
	les livres qui...	– ceux qui...

3. VENIR DE + INFINITIVE / THE IMMEDIATE PAST (VENIR DE) + INFINITIVE

The construction "venir de + infinitive" means "to have just (done something)". It is called le passé récent (immediate past). This construction is considered to be the opposite of aller + infinitif ("near future") studied in Lesson 9.

Vous venez de lire la leçon 3. Demain vous allez lire la leçon 4.
You have just read Lesson 3. Tomorrow you are going to read Lesson 4.

Compare the immediate future (studied in Lesson 9) to the immediate past:

Immediate past	Immediate future
venir de + *infinitive*	*aller* + *infinitive*
Je **viens de** manger (I have just eaten)	Je **vais** partir (I am going to leave)
Tu **viens de** manger	Tu **vas** partir
Il **vient de** manger	Il **va** partir
Nous **venons de** manger	Nous **allons** partir
Vous **venez de** manger	Vous **allez** partir
Ils **viennent de** de manger	Ils **vont** partir

Je **viens de** prendre un café. Je **vais** manger un croissant.
I just had a coffee. I am going to eat a croissant.

Nous **venons d**'acheter le journal. Nous **allons** choisir un film.
We have just bought the newspaper. We are going to choose a movie.

Abou et Awa **viennent de** sortir. Après, ils **vont** aller au cinéma.
Abou and Awa just left. Afterwards, they are going to go to the movies.

Examples with the infinitive of a reflexive verb:

Elle vient de se lever. Elle va s'habiller.
She just got up. She is going to get dressed.

Tu viens de te tromper. Tu vas te corriger.
You just made a mistake. You are going to correct yourself.

Je viens de me rappeler quelque chose. Je vais me lever.
I just remembered something. I am going to get up.

Nous venons de nous coucher.
We just went to bed.

Notice, in the last four examples, how the infinitive of a reflexive verb reflects the subject by adjusting the pronoun "se" to the subject of the verb. Compare the 2 sets of sentences below: one set with the verbs in the regular present and the other set with the verbs in the immediate past which requires the infinitive of the main verb. Even though the infinitive verb is not conjugated, the "se" pronoun still need to be adjusted:

	Regular present	**Immediate past**
se lever	Elle se lève à 7h. (She gets up at 7:00.)	Elle vient de se lever. (She has just gotten up.)
se tromper	Tu te trompes. (You are mistaken.)	Tu viens de te tromper. (You just made a mistake.)
se rappeler	Je me rappelle. (I remember.)	Je viens de me rappeler. (I just remembered.)
se coucher	Nous nous couchons à 11h. (We go to bed at 11.)	Nous venons de nous coucher. (We just got to bed.)

Se lever remains se lever because the subject is elle (to review all the "second pronouns" used with reflexive verbs, see Lesson 15).

That is also why, towards the end of Dialogue 17, the verb s'amuser becomes m'amuser when Awa says:

Je préfère venir ici en vacances, pour m'amuser.
I'd rather come here on vacation, to have fun.

---

4. AU CONTRAIRE! / ON THE CONTRARY!

s'amuser	to have fun	s'ennuyer	to be bored
travailler	to work	se reposer	to rest
se lever	to get up	se coucher	to go to bed
s'habiller	to get dressed	se déshabiller	to get undressed

Le matin, je me lève et je m'habille. Le soir, je me déshabille et je me couche.
In the morning, I get up and I get dressed. At night, I undress and I go to bed.

même	différent
same	different

Vous et moi, nous n'habitons pas à la même adresse. Nous avons des adresses différentes.
You and I, we don't live at the same address. We have different addresses.

Here are the four forms:

le même restaurant	des restaurants différents
la même adresse	des adresses différentes
les mêmes garçons	des garçons différents
les mêmes écoles	des écoles différentes

jeune	**vieux**
young	old

Here are the four forms:

jeune♂/♀(sing.): young
   jeunes♂/♀(plur.)

vieux♂/vieille♀(sing.): old
   vieil♂(sing) is used before masculine noun starting with a vowel or a mute h.

   vieux♂/vieilles♀(plur.)

Le jeune homme habite avec un vieux monsieur et une vieille dame.
The young man is living with an old man and an old woman.

tard	**tôt**
late	early

À la campagne, je me lève tôt: je me lève à cinq heures du matin! À la ville, les gens se lèvent tard.
In the country, I get up very early: I get up at five a.m.! In the city, people get up late.

un peu	**beaucoup**
a little	a lot/many/very much
trop	**pas assez**
too much/too many	not enough
ce soir	**ce matin**
tonight	this morning
moi aussi	**moi non plus**
me too	me neither
je vais boire	**je viens de boire**
I am going to drink	I just drank
avoir raison	**avoir tort**
to be right	to be wrong

In Lesson 14, we already saw a case where French uses the verb avoir (to have) while English uses the verb "to be" (J'ai trente ans = I am thirty years old).

Likewise, the expressions "to be right" and "to be wrong" also use the verb "to have," in French.

Abou a raison! Mais toi, tu n'as pas raison: tu as tort!
Abou is right! But you are not right: you are wrong!

We will study more expressions using "avoir" in Lesson 19.

VOCABULAIRE / VOCABULARY

se lever: to get up
Vous levez-vous?: Are you getting up? (formal)
Te lèves-tu?: Are you getting up? (familiar)
nous le savons: we know
passer: to spend (time)
il vient de passer...: he has just spent...(time)
quelques: some/a few
quelques jours: a few days
sortir: to go out
ils sortent: they go out
s'amuser: to have fun
pour s'amuser: in order to have fun
tard: late
tôt: early
beaucoup plus tôt: very much earlier
beaucoup plus tard que ça: very much later than that
ceux: those
ceux qui sont en vacances: those who are on vacation
comme nous: like us/ourselves
chez nous: at our house
chez toi: at your house
se brosser les dents: to brush one's teeth
je me brosse les dents: I brush my teeth
s'habiller: to get dressed
je m'habille: I get dressed
avant: before
après: after
quelquefois: sometimes
le lever du soleil: sunrise
se coucher: to go to bed
je me couche tôt: I go to bed early
tu te couches: you go to bed
je ne me couche jamais: I never go to bed
on se couche: one goes to bed

tu as raison: you are right
tu as tort: you are wrong
tant de choses à faire: so many things to do
une chose: a thing
les jeunes: young people
pour les jeunes: for the young people
jouer (regular "er" verb): to play
jouer aux cartes: to play cards
on joue aux cartes: one plays cards/we play cards
s'ennuyer: to be bored
je m'ennuie: I'm bored
C'est pour ça que je n'aime pas…: That's why I don't like…
sembler (regular "er" verb): to seem
ça me semble: it seems to me
monotone: monotonous
mes parents: my parents
s'habituer: to get used to
Ils se sont habitués à ce mode de vie.: They have gotten used to that way of life.
un mode de vie: a way of life
se reposer: to rest/relax
on se repose: one rests/relaxes
vraiment: really
Ce n'est pas mon truc.: It's not my thing (It's not my cup of tea).
Ce n'est pas vraiment mon truc.: It is not really my thing.
être d'accord: to agree
je suis d'accord: I agree
je ne suis pas d'accord avec toi: I don't agree with you.
pour me reposer: (in order) to rest/relax
pour m'amuser: (in order) to have fun
tu peux venir habiter ici: you can come and stay here
quand tu veux: when you want
ils t'aiment beaucoup: they like you very much
je préfère venir: I prefer to come
comprendre (conjugated like prendre): to understand
je te comprends: I understand you
Qu'est-ce qu'on va faire?: What are we going to do?
je viens d'acheter…: I've just bought…
Voyons s'il y a…: Let's see if there is…
une de ses cousines: one of his (female) cousins
de temps en temps: from time to time
chaque: every/each
les gens: the people
les jeunes gens: the young people
jeune: young
l'âge: age

souvent: often
la capitale: the capital
je trouve que: I find that
probablement: probably
parce que: because
dix heures du soir: ten o'clock in the evening
les Parisiens: the Parisians
au contraire: on the contrary
il n'y a rien: there is nothing
c'est tout: that's all
tranquille: quiet
trop: too
trop tranquille: too quiet
Tu peux le dire!: You can say that again!
la vie: life
notre maison: our house
ce soir: this evening
quelque chose qui nous plaît: something that we like
ça nous plaît: we like that
plaire (irregular): to please
s'il vous plaît: please (formal/plural)
s'il te plaît: please (familiar)

EXERCICE / EXERCISE

Exercise A

RÉPONDEZ D'APRÈS LE DIALOGUE

Answer the questions using the Lesson 17 dialogue.

1. Comment s'appelle la cousine d'Abou?

   _____

2. Awa habite-t-elle à Paris? _____

3. Est-elle plus vieille qu'Abou? _____

4. Les deux jeunes gens ont-ils le même âge?

   _____

5. Quand Awa est à la campagne, se lève-t-elle tôt ou tard?

   _____

6. A quelle heure se lève-t-elle?

   _____

7. Que fait-elle avant le lever du soleil?

_____

8. Est-ce qu' Awa se couche quelquefois après dix heures du soir? _____

9. Abou est-il parisien? _____

10. Peut-on faire beaucoup de choses le soir à Paris?

_____

11. A la campagne, y a-t-il beaucoup de choses pour les jeunes?

_____

12. Pourquoi Awa se couche-t-elle tôt?

_____

13. Abou aime-t-il la campagne? _____

14. Pourquoi ne l'aime-t-il pas? _____

15. Est-ce que les parents d' Awa se sont habitués à la campagne? _____

16. Qu'est-ce qu'ils disent? _____

17. Awa peut-elle venir habiter chez Abou?

_____

18. Les parents d'Abou aiment-ils Awa?

_____

19. Awa est leur nièce, n'est-ce pas?

_____

20. Abou et Awa sont-ils vos cousins?

_____

21. Vous n'êtes pas de la même famille?

_____

22. Qu'est-ce qu' Awa vient d'acheter?

_____

23. Que va-t-elle regarder dans ce magazine?

_____

24. Les jeunes gens aiment-ils sortir ensemble?

_____

25. Est-ce qu'ils s'amusent bien?

_____

Visit www.berlitzpublishing.com for a bonus internet
activity—go to the downloads section and connect to the
world in French!

QUELQUES ACHATS DANS UN GRAND MAGASIN
A FEW PURCHASES IN A DEPARTMENT STORE

la vendeuse	**On s'occupe de vous, monsieur?** Are you being helped, sir?
le client	**Je voudrais essayer des chaussures.** I would like to try on some shoes.
la vendeuse	**Bien, monsieur. Lesquelles?** Very well, sir. Which ones?
le client	**Celles qui sont à droite, là-bas, sur l'étagère.** Those on the right, over there, on the shelf.
la vendeuse	**Bien. Quelle est votre pointure?** All right. What is your shoe size?
le client	**Quarante. Je les voudrais en marron, s'il vous plaît.** Forty*. I would like them in brown, please.
la vendeuse	**En marron, du quarante…Je ne sais pas s'il en reste. Veuillez attendre une minute. Je vais voir.** In brown, size forty*…I don't know if there are any left. Please wait a moment. I'll go and check.

Quelques minutes plus tard, la vendeuse revient, les mains vides.
A few minutes later, the saleswoman comes back empty-handed.

la vendeuse   Je suis désolée, monsieur. Il ne reste plus de
quarante en marron.
I am sorry, sir. There isn't any size forty in brown left.

le client   Oh, c'est dommage! Je cherche ce genre de
chaussures depuis longtemps. Et maintenant que je
les trouve, il n'en reste plus.
Oh, that's a pity! I've been looking for this style of shoes
for a long time. And now that I have found them, there
aren't any left.

la vendeuse   Mais j'en aurai demain. Pourriez-vous repasser
demain après-midi?
But I will have some by tomorrow. Could you drop by
again tomorrow afternoon?

le client   Demain, hum… À quelle heure fermez-vous?
Tomorrow… What time do you close?

la vendeuse   Nous fermons à dix-huit heures trente, monsieur.
We close at 6:30 p.m.

le client   Bon, c'est entendu. Je reviendrai demain. Je dois
aussi acheter des cravates. Où est-ce que je peux en
trouver?
OK, fine. I'll come back tomorrow. I must also buy some
ties. Where can I find them?

la vendeuse   Il n'y en a pas à cet étage. Vous devez
descendre au rez-de-chaussée. Vous y trouverez
tous les vêtements pour homme: cravates,
chemises, chaussettes, pantalons, vestons, etc.
There aren't any on this floor. You must go down to the
first floor. There you will find all men's clothing: ties,
socks, pants, jackets, etc.

le client   Est-ce qu'on vend aussi des souvenirs de Paris? Je
dois en acheter pour des amis étrangers.
Do they also sell souvenirs of Paris there? I have to buy
some for some foreign friends of mine.

la vendeuse   Oui, monsieur. Les souvenirs sont également au
rez-de-chaussée, mais de l'autre côté du magasin.
Yes, sir. The souvenirs are also on the first floor, but on
the other side of the store.

le client   Je vois. Par où est-ce qu'on descend?
I see. How do I get down?

la vendeuse	**Par là. Il y a un escalier mécanique juste derrière vous.**
	That way. There's an escalator just behind you.
le client	**Merci bien. Alors à demain. N'oubliez pas de commander mes chaussures – du quarante, en marron.**
	Thanks a lot. Well, see you tomorrow. Don't forget to order my shoes – size forty, in brown.
la vendeuse	**Je n'oublierai pas, monsieur. À demain.**
	I won't forget, sir. See you tomorrow.

*Size 40 is approximately equal to US size 9 (men) or UK size 8 (men).

GRAMMAIRE / GRAMMAR

1. LE FUTUR / THE FUTURE

We have seen that the future can be expressed by simply using the present tense, or by using **aller + infinitif** (see Lesson 11).

But there is also a specific future tense in French. The way to form this is by taking the <u>infinitive</u> of the verb and adding the endings **-ai, -as, -a, -ons, -ez, -ont.**

trouver (regular "-er")
to find

je	trouver-ai	*(troo-vreh)*
tu	trouver-as	*(troo-vrah)*
il/elle/on	trouver-a	*(troo-vrah)*
nous	trouver-ons	*(troo-vrohN)*
vous	trouver-ez	*(too-vray)*
ils/elles	trouver-ont	*(troo-vrohN)*

finir (regular "-ir")
to finish

je	finir-ai
tu	finir-as
il/elle/on	finir-a

nous	finir-ons
vous	finir-ez
ils/elles	finir-ont

attendre (regular "-re"*)
to wait

j'	attendr-ai
tu	attendr-as
il/elle/on	attendr-a
nous	attendr-ons
vous	attendr-ez
ils/elles	attendr-ont

Notice that the "r" of the infinitive is always sounded in the future tense.

Aujourd'hui je parle à Nathalie. Hier j'ai parlé à Catherine. Demain je parlerai à Paul.
Today I am speaking to Nathalie. Yesterday I spoke to Catherine. Tomorrow I will speak to Paul.

Je ne finirai pas ce livre demain.
I will not finish this book tomorrow.

Mettras-tu une cravate?
Will you put on a tie?

Nous partirons la semaine prochaine.
We shall leave next week.

Nous verrons!
We'll see!

Vous n'oublierez pas?
You won't forget?

Nos amis arriveront le mois prochain.
Our friends will arrive next month.

Je reviendrai au magasin demain après-midi.
I will come back to the store tomorrow afternoon.

Note that the last example shows an irregular future – **reviendrai** (from **revenir**). We will examine irregular futures in a later lesson.

2. LES PRONOMS INTERROGATIFS / **INTERROGATIVE PRONOUNS**

lequel♂	**laquelle**♀	**lesquels**♂	**lesquelles**♀
(luh-kehl)	*(lah-kehl)*	*(leh-kehl)*	*(leh-kehl)*
which one		which ones	

Voici deux <u>pulls</u>. <u>Lequel</u> préférez-vous? (masculine, **lequel**)
Here are two sweaters. Which one do you prefer?

Je vois trois <u>voitures</u>. <u>Laquelle</u> est la vôtre? (feminine, **laquelle**)
I see three cars. Which one is yours?

Il y a beaucoup de grands <u>magasins</u> à Paris. <u>Lesquels</u> préfères-tu?
(masculine plural, **lesquels**)
There are many department stores in Paris. Which ones do you like best?

Je voudrais essayer des <u>chaussures</u>. Bien, <u>monsieur</u>. Lesquelles?
(feminine plural, **lesquelles**)
I would like to try on some shoes. Certainly, sir. Which ones?

---

3. DEPUIS / *SINCE* OR *FOR*

To express an action started in the past but continuing in the present, use the present tense + **depuis** + the time specified.

Albert <u>habite</u> à Paris <u>depuis deux ans</u>.
Albert has been living in Paris for two years.

Nous <u>attendons</u> l'autobus <u>depuis dix minutes</u>.
We have been waiting for the bus for 10 minutes.

On <u>voyage</u> en train <u>depuis une semaine</u>.
We have been traveling by train for a week.

Vous <u>marchez</u> depuis une heure.
You've been walking for an hour.

Je <u>cherche</u> ce genre de chaussures <u>depuis longtemps</u>.
I've been looking for this kind of shoes for a long time.

Likewise, use the present tense with **depuis combien de temps** when asking questions of this kind:

<u>Depuis combien de temps travailles</u>-tu ici? Je travaille ici depuis un mois.
How long have you been working here? I've been working here for a month.

Depuis combien de temps ces voyageurs **sont**-ils à Paris? Ils y sont depuis trois mois.
How long have these travelers been in Paris? They've been here 3 months.

Note that the pronoun "depuis" may also be followed by a specific time or date. In this case, it means "since".

Examples:
J'habite à Paris depuis 2004.
I have been living in Paris since 2004.

Elle travaille ici depuis lundi dernier.
She has been working here since last Monday.

J'apprends le chinois depuis l'année dernière.
I have been studying Chinese since last year.

In the following sentence, "depuis" can mean "for" or "since":
Je travaille depuis 3 heures.
I have been working for 3 hours/I have been working since 3 o'clock.

---

4. LE PRONOM "EN" / **THE PRONOUN** "EN"

en
some/any

We have already seen (Lesson 7) that French often uses partitive articles:

du thé	tea/some tea
de la confiture	jam/some jam
des enfants	children/some children

To avoid unnecessary repetition, a special pronoun (en) is often used in place of a noun and its partitive article. For example:

Nous achetons des chemises. Nous en achetons.
We are buying some shirts. We are buying some.

In a typical sentence, en is placed just before the verb (just as the pronoun y is – for more information on y, see Lesson 7 again).

Le vendeur a du travail. Il en a.
The salesman has some work. He has some.

Moi, j'en ai aussi!
I also have some!

J'ai apporté de la confiture. Est-ce que vous en voulez?
I brought some jam. Do you want some?

Je n'ai pas <u>de chaussures noires</u>, mais j'en aurai demain.
I don't have any black shoes, but I will have some tomorrow.

<u>Des chaussures blanches</u>? Je ne sais pas s'il <u>en</u> reste.
White shoes? I don't know whether there are any left.

On vend <u>des souvenirs</u> ici. Je veux <u>en</u> acheter.
They sell souvenirs here. I want to buy some.

You will see from the last example that when there is a modifying verb (here **veux**), **en** is placed before the verb of action (here **acheter**).

Il y a du café. Tu n'<u>en</u> bois pas?
There's some coffee. Aren't you drinking any?

Note how **ne** becomes **n'** before **en**.

---

5. VERBE (DEVOIR) / VERB (TO HAVE TO/TO OWE)

We have seen (Lesson 9) that **il faut** is an impersonal expression, and that it is often followed by an infinitive. Necessity can also be expressed by another verb – **devoir**. This can be used in any person and is followed by an infinitive. **Devoir** is therefore similar to several modifying verbs covered earlier: **savoir, pouvoir, vouloir.**

devoir to have to			
je	dois	nous	devons
tu	dois	vous	devez
il/elle/on	doit	ils/elles	doivent

Il faut envoyer ces lettres.
It is necessary to mail these letters.

Nous <u>devons</u> envoyer ces lettres.
We must mail these letters.

Faut-il remplir une fiche?
Is it necessary to fill out a form?

Est-ce que vous <u>devez</u> remplir une fiche?
Do you have to fill in a form?

Le client <u>doit</u> revenir demain.
The customer must come back tomorrow.

La cliente <u>doit</u> essayer une jupe.
The customer must try on a skirt.

Tous les clients <u>doivent</u> payer.
All the customers have to pay.

On vend des souvenirs. Je <u>dois</u> en acheter.
They sell souvenirs. I have to buy some.

Notice the place of devoir in relation to the action verb, when the sentence is interrogative or negative:

<u>Dois-tu rentrer</u> chez toi?
Must you go home?

Vous ne devez pas partir sans passeport.
You musn't leave without your passport.

The past participle of devoir is dû:

Hier j'ai dû sortir.
Yesterday I had to leave.

Nous n'avons pas dû payer.
We didn't have to pay.

VOCABULAIRE / VOCABULARY

quelques: some, a few
un achat: a purchase
quelques achats: a few purchases
quelques minutes: a few minutes
un magasin: a store
un grand magasin: a department store
un étage: a floor, story
à cet étage: on this floor
le côté: the side
de l'autre côté du magasin: on the other side of the store
par où: which way
par là: that way
un escalier mécanique: an escalator
une étagère: a shelf
un vendeur♂/une vendeuse♀: a sales person
s'occuper (regular "-er" verb): to attend to
s'occuper de quelqu'un: to attend to someone
On s'occupe de vous?: Are you being attended to?
essayer: to try
des chaussures: (some) shoes
lesquelles?: which ones? (feminine plural)
mes chaussures: my shoes
celles qui sont à droite: those on the right
une paire de chaussures: a pair of shoes
la pointure: the shoe size
Quelle est votre pointure?: What size are you?

quarante: forty (US men's shoe size 9/UK men's shoe size 8)
je les voudrais: I would like them
en marron: in brown
un genre: style, kind
ce genre de chaussures: this style of shoes
veuillez (irregular imperative of vouloir): please (would you please)
Veuillez attendre.: Please wait.
une main: a hand
les mains: the hands
vide: empty
depuis: for/since
depuis longtemps: for a long time
rester: to be left; to remain, to stay
Il ne reste plus de chaussures.: There are no more shoes left.
j'aurai: I will have
demain après-midi: tomorrow afternoon
j'en aurai: I will have some
repasser: to drop by again
fermer: to close
dix-huit heures trente: half past six
revenir: to come back
je reviendrai: I will come back
devoir: to ought to, to have to
je dois aussi acheter: I must also buy
vous devez descendre: you must go down
au rez-de-chaussée: on the first floor
vous y trouverez...: there you will find...
on y vend...: there they sell...
un vêtement: a garment, an item of clothing
tous les vêtements: all the clothes
pour homme: for men
pour femme/pour dame: for women
une cravate: tie
une chemise: shirt
des chaussettes: socks
une paire de chaussettes: a pair of socks
un pantalon: a pair of pants (trousers)
un veston: a jacket
étranger♂ (étrangère♀): foreign/foreigner
un souvenir: a souvenir
oublier: to forget
n'oubliez pas de commander: don't forget to order
commander: to order
je n'oublierai pas: I won't forget
en: some/any
s'il en reste: if there is any left

il n'en reste plus: there's none left
je peux en trouver: I can find some
il n'y en a pas: there is none there
je dois en acheter: I must buy some
C'est dommage: What a pity!
entendu: agreed
c'est entendu: it's agreed
également: also, as well
merci bien: thanks a lot
À demain.: See you tomorrow.
juste derrière vous: just behind you

EXERCICE / **EXERCISE**

Exercise A

RÉPONDEZ D'APRÈS LE DIALOGUE

Answer the questions using the Lesson 18 dialogue.

1. Est-ce que la vendeuse s'occupe du client?

_____

2. Ce client veut-il essayer un veston?

_____

3. Qu'est-ce qu'il veut essayer? _____

4. Les chaussures que veut le client sont-elles sur une étagère?

_____

5. Se trouvent-elles à droite ou à gauche?

_____

6. La pointure neuf aux États-Unis, c'est la pointure quarante en France, n'est-ce pas? _____

7. Est-ce qu'il reste des chaussures de pointure quarante en marron? _____

8. La vendeuse a-t-elle trouvé les chaussures?

_____

9. Elle dit qu'elle va les commander?

_____

10. Elle les aura plus tard, n'est-ce pas?

_____

11. Quand les aura-t-elle? _____

12. Alors le client a-t-il pu essayer les chaussures?

_____

13. Doit-il revenir demain matin ou demain après-midi?

_____

14. À quelle heure ferme ce magasin?

_____

15. Alors il ferme à six heures et demie du soir?

_____

16. Le client doit-il faire d'autres achats dans ce grand magasin?

_____

17. Doit-il acheter des cravates ou un pull?

_____

18. Pour cela, est-ce qu'il doit descendre au rez-de-chaussée?

_____

19. On y trouve également des chemises, des pantalons et des chaussettes, non? _____

20. Est-ce qu'on vend des souvenirs de l'autre côté du magasin?

_____

21. Est-ce qu'on en vend aussi dans les aéroports?

_____

22. Ce monsieur doit-il acheter des souvenirs pour vous?

_____

23. Pour qui doit-il en acheter? _____

24. Alors il n'a pas oublié ses amis, n'est-ce pas?

_____

25. Pour descendre au rez-de-chaussée du magasin, le client va-t-il prendre l'ascenseur ou l'escalier mécanique?

_____

UN DÎNER AVANT DE SE QUITTER
A DINNER BEFORE PARTING

Ce soir Albert et Nathalie sont en train de dîner ensemble. On dirait qu'ils ont faim: sur la table, il y a des hors-d'oeuvres, du poisson, de la viande, des légumes, et de la salade. Et avant de manger, ils ont ouvert une bouteille de champagne, parce qu' aujourd'hui c'est l'anniversaire d'Albert.

Tonight Albert and Nathalie are having dinner together. It looks like they are hungry: on the table are appetizers, fish, meat, vegetables, and salad. And before eating, they opened a bottle of champagne, because today is Albert's birthday.

Nathalie	**Joyeux anniversaire, Albert!**
	Happy birthday, Albert!
Albert	**Merci.**
	Thank you.
Nathalie	**Et félicitations aussi!**
	And congratulations to you as well!
Albert	**À moi? Pourquoi? Qu'est-ce que j'ai fait?**
	To me? Why? What have I done?

Nathalie	**Tu viens de décrocher ton permis de conduire!** You just got your drivers' license.
Albert	**Merci. Mais parlons des vacances. Alors tu pars quelque part cet été?** Thank you. But let's talk about the vacation. So, you are going somewhere this summer?
Nathalie	**Moi, je retourne à Lyon pour quelques jours. Et après, si j'ai le temps, je passerai quelques jours en Suisse.** I am going back to Lyon for a few days. And then, if I have the time, I will spend a few days in Switzerland.
Albert	**Moi, j'irai voir ma tante à Bordeaux. Et après, je descendrai sur la Côte d'Azur avec des amis. Nous ferons du sport et nous irons danser. L'année dernière, on allait danser presque tous les soirs! Au fait, Nathalie, tu ne seras pas très loin. Viendras-tu nous voir sur la Côte d'Azur?** I will go see my aunt in Bordeaux. And then I'll go down to the French Riviera with some friends. We will do some sports and go dancing. Last year, we went dancing almost every evening. By the way, Nathalie, you won't be very far away. Will you come see us on the Riviera?
Nathalie	**J'aimerais bien, mais c'est impossible. Ce serait trop compliqué. D'abord, je n'ai pas de voiture. Et puis, j'aurai très peu de temps.** I would like to, but it's impossible. It would be too complicated. First, I don't have a car. And also, I will have very little time.
Albert	**Si tu avais une voiture, tu pourrais y aller? Si tu veux, je te prête la mienne. Je sais que tu es prudente.** If you had a car, could you go? If you want, I'll lend you mine. I know you're careful.
Nathalie	**Je te remercie. C'est très gentil de ta part. Mais je ne peux pas accepter. J'ai seulement quelques jours de vacances. Je dois être de retour à Paris le 12 juillet, pour m'occuper de mon nouveau studio. Et toi, tu as trouvé un appartement?** Thank you. It's very kind of you. But I can't accept. I only have a few days off. I have to be back in Paris on July 12th, to sort out my new studio. What about you? Did you find a new apartment?

Albert	**Oui. Après avoir cherché pendant des mois, j'ai enfin trouvé un appartement. Deux pièces, cuisine, salle de bains. Petit mais très mignon. Avec des fenêtres partout! Et pas loin de la banque où je travaille.** Yes. After having looked for months, I finally found one. Two rooms, plus kitchen and bathroom. Small, but very cute. With windows everywhere! And not far from the bank where I work.
Nathalie	**Félicitations, Albert! Il faut que tu me fasses visiter ton nouvel appartement.** Congratulations, Albert! You've got to give me a tour of your new apartment.
Albert	**Mais avec plaisir! Je t'inviterai…quand je serai installé.** With pleasure! I will invite you…when I am settled in.
Nathalie	**En attendant, voilà le gâteau d'anniversaire! Attention, Albert! Tu dois éteindre toutes les bougies!** In the meantime, here comes the birthday cake! Careful, Albert! You must blow out all the candles!
Albert	**Je vais essayer. Un, deux, trois…Ouf!** I'm going to try. One, two, three…Phew!
Nathalie	**Bravo! Joyeux anniversaire!** Bravo! Happy birthday!

GRAMMAIRE / GRAMMAR

1. AVOIR FAIM/AVOIR SOIF / **TO BE HUNGRY/TO BE THIRSTY**

avoir faim *(ahvwahr fehN)* to be hungry	avoir soif *(ahvwahr swahf)* to be thirsty

We have already seen (Lesson 14) that French sometimes uses the verb <u>avoir</u> (to have) where English uses "to be" (<u>être</u>).

Examples: J'<u>ai</u> vingt-cinq ans. Quel âge <u>avez</u>-vous?
I am twenty-five. How old are you?

Tu <u>as</u> raison! Abou <u>a</u> tort.
You are right! Abou is wrong.

Here are other cases: Ils <u>ont</u> faim, et ils veulent manger.
They are hungry, and they want to eat.

Nous <u>avons</u> soif et nous voulons boire.
We are thirsty, and we want to drink.

avoir chaud	avoir froid
to be warm/hot	to be cold

J'<u>ai</u> chaud. En été, il fait chaud.
I am warm. In the summer, it's hot.

<u>Avez-vous eu</u> froid? (with <u>avoir</u> in the passé composé)
Were you cold?

<u>Nous allons avoir</u> froid. (with <u>avoir</u> in the near future)
We are going to be cold.

avoir peur	avoir peur de...
to be afraid/scared	to be afraid of...

Reste avec moi, j'<u>ai peur</u>!
Stay with me, I am scared!

Pourquoi est-ce que vous <u>avez peur de</u> lui?
Why are you afraid of him?

---

2. AVANT DE + INFINITIF, APRÈS AVOIR/ÊTRE + PARTICIPE PASSÉ /
BEFORE / AFTER DOING SOMETHING

avant de + infinitif
before doing something

<u>Avant de manger</u>, ils ouvrent une bouteille de champagne.
Before eating, they open a bottle of champagne.

<u>Avant de partir</u>, nous avons dit au revoir à nos amis.
Before leaving, we said goodbye to our friends.

Je vais acheter mon billet <u>avant de prendre</u> le train.
I will buy my ticket before taking the train.

The opposite of <u>avant de + infinitif</u> is

après avoir + participe passé
after having done something/after doing something

<u>Après avoir cherché</u> un appartement, j'ai trouvé celui-ci.
After having looked for an apartment, I found this one.

Après avoir servi le champagne, ils ont bu.
After serving the champagne, they drank.

If the verb takes the auxiliary verb être instead of avoir (see list in Lesson 13), this becomes:

après être + participe passé

Après être sortie, elle a pris un taxi. (sortir takes être)
After having left, she took a cab.

Nous avons fait la cuisine après être allés au supermarché. (aller takes être)
We cooked after going to the supermarket.

Note that in the last two examples using the auxiliary être, the past participle agrees in gender and number with the subject.

---

3. LE FUTUR (SUITE) / **THE FUTURE (CONTINUED)**

Albert descendra sur la Côte d'Azur.
Albert will go down to the French Riviera.

Je passerai quelques jours dans les Pyrénées.
I shall spend a few days in the Pyrenees.

Est-ce que tu nous inviteras? Oui, je vous inviterai.
Will you invite us? Yes, I will invite you.

Le chien et le chat resteront ici.
The dog and the cat will stay here.

Nathalie reviendra à Paris le 12 juillet.
Natalie will come back to Paris on July 12th.

The second example above shows an irregular future (reviendra, for the infinitive revenir). Here are other irregular futures:

aller			
j'irai	*(zhee-ray)*	nous irons	*(noozee-rohN)*
tu iras	*(tew ee-rah)*	vous irez	*(voozee-ray)*
il ira	*(eel ee-rah)*	ils iront	*(eelzee-rohN)*

J'irai voir ma famille à Lyon.
I will go see my family in Lyon.

Nous irons danser tous les soirs.
We will go dancing every evening.

faire

je ferai	nous ferons
tu feras	vous ferez
il fera	ils feront

Nous <u>ferons</u> du sport.
We will do/We will practice sports.

avoir

j'aurai	nous aurons
tu auras	vous aurez
il aura	ils auront

J'<u>aurai</u> peu de temps pour voyager.
I will have little time to travel.

Albert <u>aura</u> enfin son appartement!
Albert will finally have his apartment!

être

je serai	nous serons
tu seras	vous serez
il sera	ils seront

Est-ce que tu <u>seras</u> à Paris le 14 juillet?
Will you be in Paris on the 14th of July?

Nous <u>serons</u> heureux.
We will be happy.

---

4. QUAND/DÈS QUE (AU FUTUR) / WHEN/AS SOON AS (IN THE FUTURE)

To use quand or dès que with an idea of future, <u>two</u> futures are needed in French (in the following example, <u>invitera</u> and <u>sera</u>):

Albert <u>invitera</u> ses amis <u>quand il sera</u> installé.
Albert will invite his friends when he is settled.

This is different from English, where the other verb often stays in the present.

Examples: **Je <u>visiterai</u> la tour Eiffel <u>dès que j'arriverai</u> à Paris.**
I will visit the Eiffel Tower as soon as I arrive in Paris.

<u>Quand nous aurons</u> notre billet, nous <u>partirons</u>.
When we have our ticket, we shall leave.

---

5. L'IMPARFAIT / **THE IMPERFECT**

A) **Un autre temps du passé: l'imparfait**
Another past tense: the imperfect

The past tense that we have used so far is the <u>passé composé</u>. But there is another past tense in French. It is called the <u>imparfait</u> (imperfect).

To form the imperfect of a verb, do the following:

– take the **"nous"** person of the verb in the present tense
(Example for the verb **boire**: <u>nous buvons</u>)

– delete its **"ons"** ending and keep the stem (for **boire**, keep <u>buv</u>)

– replace it with the following endings:

je	-<u>ais</u> *(eh)*
tu	-<u>ais</u> *(eh)*
il/elle	-<u>ait</u> *(eh)*
nous	-<u>ions</u> *(eeyohN)*
vous	-<u>iez</u> *(eeyay)*
ils/elles	-<u>aient</u> *(eh)*

Examples: **Avant, je <u>buvais</u> du café. Maintenant, je bois du thé.**
Before, I used to drink coffee. Now, I drink tea.

Quand j'avais dix ans, je m'amusais beaucoup.
When I was ten, I had a lot of fun.

One exception:
All verbs in French (even the irregular ones) follow the same conjugation pattern in the imperfect except the verb **être**:

être				
	j'étais	*(ay-teh)*	nous étions	*(ay-teeyohN)*
	tu étais	*(ay-teh)*	vous étiez	*(ay-teeyay)*
	il était	*(ay-teh)*	ils étaient	*(ay-teh)*

Avec mes amis, j'étais toujours heureux!
With my friends, I used to be/I was always happy!

Imparfait ou passé composé?

B) The passé composé is generally used to talk about specific events or actions in the past.

Examples: Hier, nous sommes arrivés à huit heures.
(à huit heures, specifically)
Yesterday, we arrived at eight o'clock.

Ce matin, j'ai travaillé pendant 3 heures.
This morning, I worked for 3 hours.

The imparfait is used for actions repeated in the past (often expressed by "used to..." in English) or continuous actions progressing in the past (often expressed by "was/were... -ing" in English), as well as for descriptions in the past. The imparfait is used to describe continuous, repeated or habitual actions or situations in the past. It has four equivalents in English:

	I worked
	I was working
Je travailllais	I used to work
	I would work

Examples: L'année dernière nous sortions tous les soirs. (tous les soirs, repeatedly)
Last year we used to go out every evening.

Avant de trouver un appartement, Nathalie habitait avec ses parents. (description)
Before finding an apartment, Natalie was living with her parents.

C) When describing a scene (background: what was happening...) before describing an event/or events which occurred, both imparfait and passé composé appear in the same sentence.

Hier, quand je suis arrivé à la maison, mon ami lisait le journal.
(je suis arrivé = sudden action, specific time, passé composé)
(lisait = progressing action, or description, imparfait of lire.)
Yesterday, when I arrived home, my friend was reading the newspaper.

Je regardais la télé quand le téléphone a sonné.
I was watching TV (what was going on) when the phone rang (what happened).

Il a plu quand je suis sorti de la maison. pleuvoir: passé composé sortir: passé composé	It rained when I left the house. = It started to rain when I left the house. (single event) "I left" describes a single event.
Il pleuvait quand je suis sorti de la maison. pleuvoir: imparfait sortir: passé composé	It was raining when I left the house. = It was already raining before I left the house. "I left" describes a single event.

D) Past habitual action/Past single action:

Examples:
Quand j'avais douze ans, je regardais beaucoup la télé.
When I was 10, I watched (I used to watch/I would watch) TV a lot.
(imparfait: habitual action)

Quand j'ai eu 10 ans, j'ai reçu beaucoup de cadeaux d'anniversaire.
When I turned 10, I received a lot of birthday presents.
(passé composé: single event)

E) To tell a story in the past:
When telling a story in the past, the imparfait would be used to set up a scene (to describe how things were or used to be) before the text would switch to the passé composé to convey what happened suddendly.

Example:
Ce jour-là, il faisait beau. Les oiseaux chantaient et les enfants jouaient dehors. Le père regardait la télévision et la mère lisait un livre. Soudain, un des enfants a crié. Les parents sont sortis de la maison pour voir ce qui se passait.
That day, the weather was beautiful. The birds were singing and the children were playing outside. The father was watching TV and the mother was reading a book. Suddendly, one of the children screamed. The parents came out of the house to see what was happening.

---

6. LE CONDITIONNEL / THE CONDITIONAL

Le conditionnel
The conditional (I would speak, we would go, they would eat...)

This tense is formed by combining the future with the imperfect
(the "r" of the last syllable of the future, with the endings of the imperfect).

Here are three regular verbs (one of each type: -er, -ir, -re) conjugated in the conditional:

	rester	choisir	répondre
je	rester-ais	choisir-ais	répondr-ais
tu	rester-ais	choisir-ais	répondr-ais
il/elle	rester-ait	choisir-ait	répondr-ait
nous	rester-ions	choisir-ions	répondr-ions
vous	rester-iez	choisir-iez	répondr-iez
ils/elles	rester-aient	choisir-aient	répondr-aient

There are also some irregular verbs. These use the same irregular stem as used for the future tense:

	le futur	le conditionnel
avoir	j'aur-ai	j'aur-ais
être	je ser-ai	je ser-ais
faire	je fer-ai	je fer-ais
aller	j'ir-ai	j'ir-ais
venir	je viendr-ai	je viendr-ais

Examples: J'aimerais bien, mais c'est impossible.
I would like to, but it's impossible.

Je ne pourrais pas.
I would not be able to.

Je voudrais de l'eau, s'il vous plaît.
I would like some water, please.

Est-ce que vous pourriez m'indiquer le chemin?
Could you show me the way?

Sans voiture, ce serait trop compliqué!
Without a car, it would be too complicated!

On dirait que ces gens ont faim.
It looks like these people are hungry. (It would seem that these people…)
(Lit: One would say…)

7. LES PHRASES AVEC "SI" / CLAUSES WITH "IF"

The two most frequent types of si clauses are:

1. si + present, future (or present or imperative)

Si j'ai le temps, je passerai quelques jours dans les Pyrénées.
(present)   (future)
If I have the time, I will spend a few days in the Pyrenees.

Si vous voulez, je vous prête ma voiture.
(present)   (present)
If you want, I will lend you my car.

Si tu peux, viens avec nous!
(present)   (imperative)
If you can, come with us!

Téléphonez à mes amis, si vous êtes à Paris.
(imperative)   (present)
Call my friends, if you are in Paris.

2. si + imperfect, conditional

Si vous aviez une voiture, vous pourriez aller à Cannes.
(imperfect)   (conditional)
If you had a car, you could go to Cannes.

Si Nathalie habitait à Nice, ce ne serait pas compliqué.
(imperfect)   (conditional)
If Nathalie lived in Nice, it wouldn't be complicated.

Je ne partirais pas si je n'avais pas d'argent.
(conditional)   (imperfect)
I would not leave if I didn't have the money.

---

8. LE SUBJONCTIF / THE SUBJUNCTIVE

Here are three regular verbs (-er, -ir, -re) in the subjunctive mood. The subjunctive is preceded by que because it always follows a construction using que. For most verbs, the stem for the forms of the subjunctive is found by dropping the –ent of the third person plural (ils/elles) form of the present and by adding the subjunctive ending: -e, -es, -e, -ions, -iez and –ent.

passer			
que je pass-e	que nous	pass-ions	
que tu pass-es	que vous	pass-iez	
qu'il pass-e	qu'ils	pass-ent	

finir			
	que je finiss-e	que nous	finiss-ions
	que tu finiss-es	que vous	finiss-iez
	qu'il finiss-e	qu'ils	finiss-ent
attendre			
	que j'attend-e	que nous	attend-ions
	que tu attend-es	que vous	attend-iez
	qu'il attend-e	qu'ils	attend-ent

Irregular forms:

connaître	que je connaisse
dire	que je dise
lire	que je lise
écrire	que j'écrive
mettre	que je mette
partir	que je parte
sortir	que je sorte
servir	que je serve
faire	que je fasse
avoir	que j'aie
être	que je sois
aller	que j'aille
prendre	que je prenne
vouloir	que je veuille

Use of the subjunctive:

1. After impersonal expressions

il faut que
il est possible que
il est important que
c'est bien que

Il faut que vous <u>fassiez</u> les exercices.
It is necessary that you do the exercises.

Il faut que vous nous <u>fassiez</u> visiter votre appartement.
You've got to get us to visit your apartment.

2. After certain verbs expressing wishes or emotions

vouloir que
aimer que

Je veux que vous <u>fassiez</u> les exercices.
I want you to do the exercises.

Tu n'aimes pas que je <u>fasse</u> la cuisine?
You don't like me doing the cooking?

3. vouloir/vouloir que

When there is only one subject, use vouloir + infinitive:
<u>Je</u> veux partir.
I want to leave.

<u>Elle</u> veut rester.
She wants to stay.

When there are two different subjects, use vouloir que + second subject + subjunctive:
<u>Je</u> veux que <u>vous</u> partiez.
I want you to leave.

<u>Elle</u> veut que <u>je</u> reste.
She wants me to stay.

VOCABULAIRE / VOCABULARY

un dîner: a dinner
dîner: to have dinner
en train de dîner: having dinner
se quitter: to leave one another
avant de se quitter: leaving one another
avant de quitter la ville: before leaving the city
avant de manger: before eating
après: after, afterwards
après avoir cherché: after looking, after having looked
on dirait: you'd say
on dirait que: it looks like
avoir faim: to be hungry
ils ont faim: they're hungry
avoir soif: to be thirsty

sur la table: on the table
des hors-d'œuvres: appetizers
le poisson: fish
la viande: meat
les légumes: vegetables
ouvrir: to open
une bouteille de champagne: a bottle of champagne
un anniversaire: a birthday
Joyeux anniversaire!: Happy birthday!
des félicitations: congratulations
Félicitations!: Congratulations! (expression)
féliciter: to congratulate
le permis de conduire: driver's license
décrocher son permis de conduire: to get one's driver's license
(to have passed the driver's license exam)
quelque part: somewhere
cet été: this summer
retourner: to go back
être de retour: to be back
ma tante: my aunt
avoir le temps: to have the time
si j'ai le temps: if I have the time
passer: to pass/to spend
je passerai: I will pass/I will spend
la Suisse: Switzerland
la Côte d'Azur: the French Riviera
aller voir: to go and see
j'irai voir: I will go see
le sport: sport
faire du sport: to do sports
danser: to dance
chanter: to sing
l'année dernière: last year
on allait: we used to go
tous les soirs: every evening
tu pourrais y aller: you could go there
j'aimerais bien: I would like
ce serait: this would be
si tu veux: if you want to, if you like
prêter: to lend
prudent♂/prudente♀: careful
mignon♂/mignonne♀: cute
impossible: impossible
compliqué♂/compliquée♀: complicated
c'est gentil de ta part: it's kind of you
remercier: to thank
je te remercie: I thank you

accepter: to accept
pendant des mois: during months
enfin: finally
le 12 juillet: July 12th
s'occuper de quelque chose: to deal with/to take care of something
un nouvel appartement: a new apartment
une pièce: a room; a coin (money)
la salle de bains: the bathroom
une fenêtre: a window
une porte: a door
inviter: to invite
il faut que: it is necessary that
installé♂/installée♀: settled
en attendant: meanwhile/in the meantime
un gâteau: a cake/a pastry
un gâteau d'anniversaire: a birthday cake
éteindre: to blow out/to turn off (radio, TV, etc.)
allumer: to light/to turn on (radio, TV, etc.)
une bougie: a candle
toutes les bougies: all the candles
Pourquoi ça?: Why's that?
parce que: because
plutôt: rather
chez des amis: with some friends [at some friends' house]
ensemble: together
partout: everywhere/all over
au fait: by the way
d'abord: first of all
soudain: suddenly
ce soir: this evening
ce matin: this morning
cet après-midi: this afternoon
avec plaisir: with pleasure
Attention!: Watch out!
les autres: the others

EXERCICE / **EXERCISE**

RÉPONDEZ D'APRÈS LE DIALOGUE

Answer the questions using the Lesson 19 dialogue.

1. Qui est en train de dîner? _____

2. Ont-ils faim? _____

212

3. Qu'est-ce qu'il y a sur la table?

_____

4. Qu'est-ce qu'ils ont bu? _____

5. Savez-vous qui a ouvert la bouteille?

_____

6. Aujourd'hui, est-ce votre anniversaire?

_____

7. C'est l'anniversaire de qui? _____

8. Pourquoi Nathalie félicite-t-elle Albert?

_____

9. Albert préfère-t-il parler du travail ou des vacances?

_____

10. Que va faire Nathalie pour les vacances?

_____

11. Albert ira-t-il d'abord à Bordeaux ou sur la Côte d'Azur?

_____

12. Albert aime-t-il le sport? _____

13. Est-ce qu'il aime aussi danser?

_____

14. Est-ce que Nathalie viendra voir Albert sur la Côte d'Azur?

_____

15. Est-ce qu'elle aimerait y aller?

_____

16. Pourquoi ne pourra-t-elle pas y aller?

_____

17. Si elle avait une voiture, pourrait-elle peut-être y aller?

_____

18. Qui veut prêter une voiture à Nathalie?

_____

19. Est-ce que c'est gentil de la part d'Albert?

_____

20. Il sait que Nathalie est prudente, n'est-ce pas?

_____

21. Est-ce que la jeune fille accepte?

_____

22. Quand doit-elle être de retour à Paris?

_____

23. Est-ce qu'Albert a trouvé un appartement?

_____

24. L'appartement a-t-il beaucoup de fenêtres?

_____

25. Est-il près ou loin de la banque où travaille Albert?

_____

26. Qui voudrait aussi visiter l'appartement d'Albert?

_____

27. Quand Albert pourra-t-il inviter Nathalie?

_____

28. Est-ce qu'il y a un gâteau d'anniversaire pour Albert?

_____

29. Est-ce qu'Albert doit allumer les bougies?

_____

30. Que doit-il faire? _____

31. En général, est-ce qu'on doit éteindre la télé avant de se coucher? _____

Visit www.berlitzpublishing.com for a bonus internet activity—go to the downloads section and connect to the world in French!

REVIEW: LESSONS 17-19

Réécoutez et répétez à haute voix les dialogues 17 à 19.
Listen again and repeat out loud dialogues 17 through 19.

Dialogue 17   À QUELLE HEURE VOUS LEVEZ-VOUS?

Abou a de la famille à la campagne. Une de ses cousines, qui s'appelle Awa, vient de temps en temps à Paris. Elle vient passer quelques jours de vacances chez Abou. Les deux jeunes gens, qui ont le même âge, sortent souvent ensemble pour s'amuser dans la capitale.

Awa	Je trouve que les gens se lèvent tard, à Paris!
Abou	Ceux qui sont en vacances, comme nous, oui. Chez toi, à la campagne, à quelle heure te lèves-tu?
Awa	Oh, beaucoup plus tôt. Là-bas, je me lève à six heures du matin. Je me lave, je me brosse les dents et je m'habille avant le lever du soleil!

215

Abou	C'est probablement parce que tu te couches tôt.
Awa	Tu as raison. Je ne me couche jamais après dix heures du soir.
Abou	Nous, les Parisiens, on se couche beaucoup plus tard que ça.
Awa	C'est normal. Il y a tant de choses à faire ici. Là-bas, au contraire, il n'y a rien pour les jeunes. Moi, je lis et je regarde la télé. Chez nous, quelquefois, on joue aux cartes. Voilà, c'est tout! Alors bien sûr, je m'ennuie…et je me couche tôt.
Abou	C'est pour ça que je n'aime pas la campagne. C'est trop tranquille. Ça me semble monotone.
Awa	Tu peux le dire! Mes parents se sont habitués à ce mode de vie. Ils disent qu'à la campagne, on se repose. Mais moi, la campagne, ce n'est pas vraiment mon truc.
Abou	Je suis d'accord avec toi! Je suis trop jeune pour me reposer. Tu sais, Awa, tu peux venir habiter chez nous quand tu veux. Mes parents t'aiment beaucoup. Notre maison est la tienne.
Awa	Merci, Abou. Mais je préfère venir ici en vacances, pour m'amuser.
Abou	Je te comprends! Alors, qu'est-ce qu'on va faire ce soir?
Awa	Eh bien, je viens d'acheter Pariscope. Voyons s'il y a quelque chose qui nous plaît.

Dialogue 18 QUELQUES ACHATS DANS UN GRAND MAGASIN

la vendeuse	On s'occupe de vous, monsieur?
le client	Je voudrais essayer des chaussures.
la vendeuse	Bien, monsieur. Lesquelles?
le client	Celles qui sont à droite, là-bas, sur l'étagère.
la vendeuse	Bien. Quelle est votre pointure?
le client	Quarante. Je les voudrais en marron, s'il vous plaît.

la vendeuse	En marron, du quarante…Je ne sais pas s'il en reste. Veuillez attendre une minute. Je vais voir.

Quelques minutes plus tard, la vendeuse revient, les mains vides.

la vendeuse	Je suis désolée, monsieur. Il ne reste plus de quarante en marron.
le client	Oh, c'est dommage! Je cherche ce genre de chaussures depuis longtemps. Et maintenant que je les trouve, il n'en reste plus.
la vendeuse	Mais j'en aurai demain. Pourriez-vous repasser demain après-midi?
le client	Demain, hum… A quelle heure fermez-vous?
la vendeuse	Nous fermons à dix-huit heures trente, monsieur.
le client	Bon, c'est entendu. Je reviendrai demain. Je dois aussi acheter des cravates. Où est-ce que je peux en trouver?
la vendeuse	Il n'y en a pas à cet étage. Vous devez descendre au rez-de-chaussée. Vous y trouverez tous les vêtements pour homme: cravates, chemises, chaussettes, pantalons, vestons, etc.
le client	Est-ce qu'on vend aussi des souvenirs de Paris? Je dois en acheter pour des amis étrangers.
la vendeuse	Oui, monsieur. Les souvenirs sont également au rez-de-chaussée, mais de l'autre côté du magasin.
le client	Je vois. Par où est-ce qu'on descend?
la vendeuse	Par là. Il y a un escalier mécanique juste derrière vous.
le client	Merci bien. Alors à demain. N'oubliez pas de commander mes chaussures – du quarante, en marron.
la vendeuse	Je n'oublierai pas, monsieur. A demain.

Dialogue 19 UN DÎNER AVANT DE SE QUITTER

Ce soir Albert et Nathalie sont en train de dîner ensemble. On dirait qu'ils ont faim: sur la table, il y a des hors-d'oeuvres, du poisson, de la viande, des légumes, et de la salade. Et avant de manger, ils ont ouvert une bouteille de champagne, parce qu' aujourd'hui c'est l'anniversaire d'Albert.

Nathalie	Joyeux anniversaire, Albert!
Albert	Merci.
Nathalie	Et félicitations aussi!
Albert	À moi? Pourquoi? Qu'est-ce que j'ai fait?
Nathalie	Tu viens de décrocher ton permis de conduire!
Albert	Merci. Mais parlons des vacances. Alors tu pars quelque part cet été?
Nathalie	Moi, je retourne à Lyon pour quelques jours. Et après, si j'ai le temps, je passerai quelques jours en Suisse.
Albert	Moi, j'irai voir ma tante à Bordeaux. Et après, je descendrai sur la Côte d'Azur avec des amis. Nous ferons du sport et nous irons danser. L'année dernière, on allait danser presque tous les soirs! Au fait, Nathalie, tu ne seras pas très loin. Viendras-tu nous voir sur la Côte d'Azur?
Nathalie	J'aimerais bien, mais c'est impossible. Ce serait trop compliqué. D'abord, je n'ai pas de voiture. Et puis, j'aurai très peu de temps.
Albert	Si tu avais une voiture, tu pourrais y aller? Si tu veux, je te prête la mienne. Je sais que tu es prudente.
Nathalie	Je te remercie. C'est très gentil de ta part. Mais je ne peux pas accepter. J'ai seulement quelques jours de vacances. Je dois être de retour à Paris le 12 juillet, pour m'occuper de mon nouveau studio. Et toi, tu as trouvé un appartement?
Albert	Oui. Après avoir cherché pendant des mois, j'ai enfin trouvé un appartement. Deux pièces, cuisine, salle de bains. Petit mais très mignon. Avec des fenêtres partout! Et pas loin de la banque où je travaille.
Nathalie	Félicitations, Albert! Il faut que tu me fasses visiter ton nouvel appartement.
Albert	Mais avec plaisir! Je t'inviterai…quand je serai installé.
Nathalie	En attendant, voilà le gâteau d'anniversaire! Attention, Albert! Tu dois éteindre toutes les bougies!
Albert	Je vais essayer. Un, deux, trois…Ouf!
Nathalie	Bravo! Joyeux anniversaire!

EXERCICES / **EXERCISES**

CHOISISSEZ LE MOT APPROPRIÉ

Choose the appropriate word to complete the sentences.

Exemple: Awa vient à Paris de temps en <u>temps</u>.
(vacances/campagne/temps)

1. Nous avons _____ quelques jours à la plage.
   (venus/passé/allés)

2. Abou et Awa ont le même _____ (adresse/famille/
   âge)

3. Tu es arrivé tard. Moi, au contraire, je suis arrivé
   _____. (tôt/tout/toujours)

4. Je me lave dans la _____. (magasin/salle de
   bains/salle à manger)

5. Nous nous _____ pour aller à l'Opéra. (couchons/
   ennuyons/ habillons)

6. Vous n'avez pas raison: vous avez _____! (tort/
   rien/chaud)

7. Si tu as _____, bois. (fait/soif/champagne)

8. Awa ne se couche _____ tard. (jamais/rien/
   personne)

9. Abou n'a pas d'argent. C'est _____! (dommage/
   non plus/ également)

10. Est-ce que tu aimes ce _____ de vie? (mode/
    chose/jours)

11. Mes parents se sont _____ à la campagne.
    (habités/habitués/ arrivés)

12. Quand je suis fatigué, je me _____. (peigne/lève/
    repose)

13. M. Sorel est plus _____ que Paul. (vieux/presque/
    aussi)

14. Quand partez-vous en _____? (Paris/vacances/
    attendant)

15. Quel journal _____ -tu? (lis/rases/restes)

16. Savez-vous _____ aux cartes? (manger/danser/
    jouer)

17. Je ne _____ pas très bien cette phrase. (comprends/deviens/ ouvre)

18. Ce voyage me _____ un peu monotone. (cherche/ semble/ferme)

19. Aimez-vous ma cravate? Est-ce qu'elle vous _____ ? (habille/ plaît/lit)

20. Le client a fait quelques _____ . (achats/chose/ chaussures)

21. Les chaussures sont sur une _____ . (main/ étagère/rez-de chaussée)

22. Vous désirez une voiture? _____ ? (Lequel/ Lesquels/Laquelle)

23. Avant de traverser, il faut regarder à droite et à _____ . (devant/gauche/sous)

24. Nous allons _____ ce vêtement avant de l'acheter. (manger/ essayer/dire)

25. Vingt-deux heures, c'est dix heures _____ soir. (au/du/dans)

26. En France, quand on mange, il faut mettre les _____ sur la table. (mains/pieds/chaussures)

27. Quand on a fini de boire, la bouteille est _____ . (vide/ pointure/prudente)

28. À quelle heure ce magasin _____ -t-il? (ouvre/ reste/repasse)

29. Il y a de l'argent à la banque. Il y _____ a beaucoup! (en/ quelques/celui)

30. Mettez-vous votre chemise avec une cravate ou _____ cravate? (pour/milieu/sans)

31. Est-ce qu'on met les chaussettes avant de mettre les chaussures ou _____ ? (derrière/après/devant)

32. _____ où est-ce qu'on descend? (Par/Que/Qui)

33. La vendeuse va _____ un pantalon et un veston pour le client. (s'occuper/oublier/commander)

34. Vous êtes en _____ de répondre à mes questions. (loin/train/ progrès)

35. On sert les _____ avant le poisson et la viande. (gâteaux/ additions/hors-d'oeuvres)

36. À qui a-t-on dit " _____ anniversaire"? (mauvais/ joyeux/ félicitations)

37. Paul est _____ l'ami de Nathalie. (devenu/quitté/ fermé)

38. En été, tout le _____ part en vacances! (école/ France/monde)

39. Albert aime-t-il faire du _____? (cuisine/ exercices/sport)

40. Quelquefois, les questions sont difficiles et les exercices sont _____! (souvent/jamais/compliqués)

41. Albert a voulu _____ sa voiture à Nathalie. (prêter/trouver/ inviter)

42. Est-ce que la jeune fille a _____? (parti/devenu/ accepté)

43. Elle a répondu: "C'est gentil; je te _____." (dois/ remercie/ partout)

44. Nous avons regardé par la _____ de la cuisine. (fenêtre/ télévision/bougie)

45. Albert va s' _____ dans son nouvel appartement. (aller/ arriver/installer)

46. Albert doit _____ les bougies de son gâteau d'anniversaire. (essayer/éteindre/attendre)

47. Avez-vous _____ la radio ce matin? (allumé/visité/ dansé)

48. Je téléphonerai à Nathalie _____ j'arriverai à Bordeaux. (quand/si/juste)

49. Si Abou et Awa avaient un million, ils _____ le tour du monde. (faire/feront/feraient)

50. Il faut que nous _____ cet exercice! (finirons/ finissons/ finissions)

TRANSFORMEZ LES PHRASES SELON LES EXEMPLES

Complete the sentences by using the "before/after doing something" construction in French.

Exemples: J'ai mangé. Et après, j'ai regardé la télé.
(a) Avant de regarder la télé, j'ai mangé.
(b) Après avoir mangé, j'ai regardé la télé.

Exercise B

Vous êtes sorti de l'appartement. Et après, vous avez pris la voiture.
(a) <u>Avant de prendre la voiture, vous êtes sorti de l'appartement.</u>
(b) <u>Après être sorti de l'appartement, vous avez pris la voiture.</u>

1. Nous avons ouvert la bouteille. Et après, nous avons bu.

_____

2. Tu écris ton adresse. Et après, tu envoies la lettre!

_____

3. On a attendu dix minutes. Et après, on a téléphoné.

_____

4. Je descendrai au rez-de-chaussée. Et après, j'achèterai quelques souvenirs.

_____

5. Les jeunes gens se sont habillés. Et après, ils sont sortis.

_____

Exercise C

ÈCRIVEZ LES QUESTIONS

Write the questions that each sentence answers.

Exemple: Je suis <u>italien</u>.
<u>De quelle nationalité êtes-vous?</u>

1. J'ai <u>dix-neuf ans</u>.

_____

2. Aujourd'hui, <u>il fait beau</u>.

_____

3. Ce magasin ferme à <u>vingt heures trente</u>.

_____

4. Mon veston est <u>gris</u>.

_____

5. Je suis en France depuis <u>une semaine</u>.

_____

METTEZ LE VERBE AU TEMPS QUI CONVIENT: PRÉSENT,
FUTUR, PASSÉ COMPOSÉ, IMPARFAIT, CONDITIONNEL OU
SUBJONCTIF

Put the verbs in the appropriate tense: présent, futur, passé
composé, imparfait, conditionnel or subjonctif.

Exemples: Quand j'étais jeune, j'<u>habitais</u> avec mes parents.
(habiter)
Maintenant nous <u>dînons</u> avec des amis. (dîner)
Il est important que vous <u>passiez</u> un mois à Paris. (passer)
Tu regardais la télévision quand je <u>suis entré</u>. (entrer)

1. Demain vous partirez pour Bordeaux et Albert
   _____ pour Lyon. (partir)

2. Je _____ envoyer ce colis aujourd'hui. (devoir)

3. Hier à huit heures du soir, Paul _____ à Nathalie.
   (téléphoner)

4. J'ai commencé à travailler à six heures et maintenant il
   est huit heures: je _____ depuis deux heures.
   (travailler)

5. L'année prochaine, tu iras à Monaco, et nous
   _____ à Cannes. (aller)

6. Quand ils étaient petits, Albert et ses amis _____
   toujours du sport. (faire)

7. Maintenant vous _____ le dernier exercice de ce
   livre. (faire)

8. L'été prochain, je serai à Toulouse. Et vous? Où
   _____ -vous? (être)

9. Avant je _____ toujours du vin. Maintenant je bois
   de l'eau. (boire)

10. Je ne prends pas de poisson. Je n'en _____
    jamais! (manger)

11. Il il y a de la viande et des légumes. Qui en _____ ?
    (vouloir)

12. Aujourd'hui, tu vas à la plage. Avant tu _____ à la
    campagne. (aller)

13. Si j' _____ des vacances, je voyagerai. (avoir)

14. Si vous _____ fatigués, asseyez-vous à la
    terrasse d'un café. (être)

Exercise D

15. Le patron veut que sa secrétaire _____ une lettre. (écrire)

16. L'été dernier, pour la fête du 14 juillet, nous _____ dans la rue. (danser)

17. Si Nathalie avait le temps, elle _____ sur la Côte d'Azur. (aller)

18. Je me rappelle bien! Avant de trouver un appartement, Albert _____ avec ses parents. (être)

19. Mardi dernier, il _____ un appartement. (trouver)

20. Si tu habitais à Paris, tu _____ français. (parler)

21. Il est quatre heures dix. Nous _____ l'autobus depuis dix minutes. (attendre)

22. Il faut que je _____ un peu de sport. (faire)

23. J'ai mangé de la confiture. Et toi? Est-ce que tu en _____? (manger)

24. Quel jour _____ -ce aujourd'hui? (être)

25. Nous _____ de dîner et maintenant nous allons prendre un café. (venir)

26. Il y a du thé. Est-ce que vous en _____ maintenant? (vouloir)

27. Aimez-vous qu'on _____ la cuisine pour vous? (faire)

28. Hier, je _____ quand j'ai fait l'exercice! (se tromper)

29. En général, est-ce que les voyageurs _____ avoir un passeport? (devoir)

30. C'est très bien! C'est formidable! Vous _____ de finir le dernier exercice! (venir)

Visit www.berlitzpublishing.com for a bonus internet activity—go to the downloads section and connect to the world in French!

Quand Albert a fini d'éteindre les bougies de son gâteau d'anniversaire, Nathalie lui a dit "Bravo!". Moi, c'est à vous, monsieur, madame ou mademoiselle, que je dis maintenant "Bravo!", et "Toutes mes félicitations!" pour avoir bien travaillé! Vous avez fini ce livre. Merci, et au revoir.

ANSWER KEY

LESSON 1

A. UN OU UNE?

1. une chaise
2. un livre
3. un bureau
4. une clé
5. une boîte

6. une conversation
7. une question
8. un monsieur
9. une réponse
10. un Français de Paris

B. C'EST OU CE N'EST PAS?

1. Oui, c'est Paul!
2. Non, ce n'est pas Sylvie!
3. Oui, c'est monsieur Sorel!
4. Oui, c'est un professeur de français!
5. Non, ce n'est pas madame Sorel!

C. QU'EST-CE QUE C'EST?

1. a pen: un stylo
2. a box: une boîte
3. a gentleman: un monsieur
4. a book: un livre
5. an answer: une réponse

LESSON 2

A. S'IL VOUS PLAÎT, RÉPONDEZ!

1. Non, je ne suis pas de Paris.
2. Non, je ne suis pas de Genève.
3. Non, je ne suis pas français (ou française).

4. Non, je ne viens pas de Marseille.

5. Non, je ne travaille pas à Bordeaux.

6. Oui, j'étudie le français.

7. Non, je n'étudie pas le français dans une banque.

8. Je suis John Doe (par exemple) et je viens de New York (par exemple).

B. CHOISISSEZ L'ADJECTIF APPROPRIÉ

1. Mademoiselle Carmen est mexicaine.

2. Monsieur Giuseppe Rossi n'est pas anglais.

3. Est-ce que madame Schmidt est allemande?

4. Vous étudiez dans le livre de français.

5. Est-ce que le bureau de monsieur Sorel est grand?

6. Ce livre est petit.

7. La chaise de Paul aussi est petite.

8. Nathalie Caron n'est pas très grande.

LESSON 3

A. RÉPONDEZ D'APRÈS LE DIALOGUE DE LA LEÇON 3

1. Elle va à Bordeaux.

2. Non, elle ne part pas dans une semaine.

3. Elle part demain.

4. Elle part à trois heures.

5. Elle a une carte d'identité.

6. Oui, elle voyage avec une valise.

7. Non, la valise de Nathalie n'est pas petite.

8. Non, je ne pars pas en voyage avec Nathalie.

9. Oui, elle a un billet d'avion.

10. Il est dans le sac.

11. Non, pour aller à l'aéroport, Nathalie ne prend pas le métro.

12. Elle prend un taxi.

13. Elle revient de Bordeaux dans une semaine.

14. Oui, il est curieux.

15. Oui, je travaille bien, avec ce livre.

LESSON 4

A. COMPTEZ DE UN À DIX (EN FRANÇAIS, BIEN SÛR!)

un – deux – trois – quatre – cinq – six – sept – huit – neuf – dix.

B. QUELLE HEURE EST-IL?

(a) il est dix heures moins le quart

(b) il est sept heures et demie

(c) il est une heure moins cinq

(d) il est cinq heures vingt

(e) il est neuf heures moins vingt-cinq

C. RÉPONDEZ D'APRÈS LE DIALOGUE

1. Elle est chez elle.

2. Elle téléphone à un ami.

3. Oui, cet ami travaille dans un bureau.

4. Oui, il a un calendrier.

5. Il est sur le bureau.

6. Non, Mme Sorel n'a pas rendez-vous avec moi.

7. Oui, elle a rendez-vous avec des amis.

8. Elle a rendez-vous vendredi soir.

9. Oui, ils sont gentils.

10. Oui, il y a une bonne pièce ce soir, à la Comédie Française.

11. Il est sur la rive gauche.

12. Ils viennent à six heures et demie.

LESSON 5

A. COMPTEZ DE DIX À VINGT

dix – onze – douze – treize – quatorze – quinze – seize – dix-sept – dix-huit – dix-neuf – vingt.

B. *ÉCRIVEZ!*

25: vingt-cinq

30: trente

35: trente-cinq

40: quarante

53: cinquante-trois

60: soixante

64: soixante-quatre

70: soixante-dix

80: quatre-vingts

90: quatre-vingt-dix

100: cent

122: cent vingt-deux

C. *QUELS SONT LES SEPT JOURS DE LA SEMAINE?*

Répondez! Ce sont:

lundi

mardi

mercredi

jeudi

vendredi

samedi

dimanche

D. *RÉPONDEZ D'APRÈS LE DIALOGUE*

1. Oui, il est à l'heure.

2. Oui, ils ont beaucoup de travail aujourd'hui.

3. Il y a des lettres à envoyer.

4. Il y a cent vingt-cinq lettres.

5. Non, il n'envoie pas ces lettres par la poste.

6. Oui, il peut envoyer ces lettres par e-mail.

7. L'employé commence à taper les lettres.

8. Oui, il y a un ordinateur dans ce bureau.

9. Oui, il y a une liste des clients.

10. Non, je ne suis pas sur cette liste.

LESSON 6 (Récapitulation)

A. CHOISISSEZ L'ARTICLE APPROPRIÉ: LE, LA, L' OU LES?

1. la conversation
2. les banques
3. l'école
4. le billet
5. les présentations
6. la maison
7. le manteau
8. les jupes
9. l'identité
10. le métro
11. les taxis
12. l'heure
13. le jour
14. la nuit
15. la femme
16. l'ami
17. l'amie
18. les amis
19. les amies
20. le calendrier

21. les restaurants
22. la Comédie Française
23. la rive gauche
24. le Quartier Latin
25. la soirée
26. le travail
27. les patrons
28. l'employé
29. les lettres
30. l'ordinateur
31. la liste
32. les numéros
33. la chaise
34. les leçons
35. le bureau
36. les secrétaires
37. le vocabulaire
38. le mot
39. les exercices
40. la prononciation

B. COMPLÉTEZ LES PHRASES

1. Nathalie ne <u>voyage</u> pas en train.
2. Les valises <u>sont</u> à l'aéroport.
3. A quelle heure <u>partez</u>-vous?
4. Est-ce que j'<u>appelle</u> un taxi?
5. Cet employé <u>tape</u> une lettre pour la directrice.
6. Les employés <u>ont</u> des ordinateurs.

7. Qui <u>êtes</u>-vous?

8. Où <u>travaillez</u>-vous?

9. S'il vous plaît, <u>envoyez</u> la lettre par email!

10. Où <u>vas</u>-tu Paul?

11. Est-ce que tu <u>viens</u> au cinéma avec nous?

12. Le film <u>finit</u> à 23h.

13. Nous ne <u>sommes</u> pas français.

14. Je <u>peux</u> faire cet exercice!

15. Est-ce que vous pouvez <u>répondre</u> à cette question?

16. Avec ce livre, tu n'<u>étudies</u> pas l'anglais!

17. Ces garçons <u>voyagent</u> en train.

18. Nous <u>partons</u> à huit heures.

19. Tu n'<u>es</u> pas gentil, Paul!

20. Qu'est-ce que tu <u>as</u> dans cette valise?

C. CHOISISSEZ LE MOT APPROPRIÉ

1. Il est japonais et elle est japonaise <u>aussi</u>.

2. De quelle <u>nationalité</u> êtes-vous?

3. Nathalie Caron va <u>à</u> Bordeaux.

4. Ce monsieur n'a pas <u>de</u> carte d'identité.

5. Qui est <u>ce</u> petit garçon?

6. Je voyage <u>avec</u> une grande valise.

7. Mon <u>passeport</u> est dans le sac.

8. Quelle est la <u>réponse</u> à cette question?

9. Aujourd'hui, ce n'est <u>pas</u> jeudi.

10. Édouard et Robert sont très <u>gentils</u>.

11. Il est six heures <u>et</u> demie.

12. Qu'est-ce qu'il y a dans <u>la</u> boîte?

13. J'ai beaucoup <u>de</u> travail au bureau.

14. Cette école, est-ce que c'est <u>l'</u>école de Paul?

LESSON 7

A. RÉPONDEZ D'APRÈS LE DIALOGUE

1. Ils sont assis à la terrasse d'un café.

2. Il prend un café au lait et un croissant.

3. Elle prend un thé au citron, une tartine de pain beurré, une brioche et de la confiture.

4. Oui, il y a un cinéma dans le quartier où ils sont.

5. Oui, Nathalie aime les films de François Ozon.

6. Le film commence à quatorze heures trente.

7. Oui, le marché aux puces est intéressant.

8. Ils vont au marché aux puces, tout de suite après le petit déjeuner.

B. QUELLE HEURES EST-IL?

1. Il est dix-huit heures quarante-cinq ou <u>sept heures moins le quart</u>.

2. Il est vingt-deux heures quinze ou <u>dix heures et quart</u>.

3. Il est dix-sept heures vingt-cinq ou <u>cinq heures vingt-cinq</u>.

4. Il est treize heures trente ou <u>une heure et demie</u>.

5. Il est seize heures quarante cinq ou <u>cinq heures moins le quart</u>.

*C. COMPLÉTEZ AVEC L'ARTICLE PARTITIF **DU** OU **DE LA***

1. Je voudrais <u>du</u> lait.

2. Est-ce que vous avez <u>du</u> citron, s'il vous plaît?

3. Il y a <u>de la</u> confiture sur le pain.

4. Le matin, nous prenons toujours <u>du</u> thé.

5. Paul ne peut pas sortir parce qu'il a <u>du</u> travail.

D. COMPLÉTEZ LES PHRASES AVEC LE CONTRAIRE DES MOTS SOULIGNÉS

1. L'étudiant n'est pas <u>debout</u>, il est <u>assis</u>.

2. Nathalie ne prend <u>jamais</u> de café, elle prend <u>toujours</u> du thé.

3. Ce n'est pas <u>vrai</u>, c'est <u>faux</u>!

4. La pièce de théâtre <u>commence</u> à 20h et <u>finit</u> à 22h.

5. Monsieur Sorel voyage <u>peu</u>, mais il travaille <u>beaucoup</u>.

6. Le calendrier n'est pas <u>sous</u> le bureau, mais <u>sur</u> le bureau!

7. Ce café est très <u>mauvais</u>! Avez-vous du <u>bon</u> café?

8. La lettre B n'est pas <u>avant</u> la lettre A, mais <u>après</u>!

E. UTILISEZ LE PRONOM Y

1. Nous allons <u>à la banque</u> = <u>Nous y allons</u>.

2. Je ne vais pas <u>à l'aéroport</u> = <u>Je n'y vais pas</u>.

3. Mme Sorel prend le petit déjeuner <u>chez elle</u> = <u>Mme Sorel y prend le petit déjeuner</u>

4. Sylvie travaille <u>au bureau</u> = <u>Sylvie y travaille</u>.

5. Paul est <u>à l'école</u> = <u>Paul y est</u>.

LESSON 8

A. RÉPONDEZ D'APRÈS LE DIALOGUE

1. Aujourd'hui, M. Sorel est à Lyon.

2. Il a une réservation pour une nuit.

3. Il parle à la réceptionniste de l'hôtel.

4. Oui, il remplit une fiche.

5. Il a une valise.

6. Non, il ne veut pas prendre de porteur.

7. Non, elle n'est pas au rez-de-chaussée.

8. Oui, il y a un ascenseur dans cet hôtel.

9. Elle donne à M. Sorel la clé de la chambre.

10. On sert le petit déjeuner dans la salle à manger du rez-de-chaussée.

11. Oui, il veut donner un coup de téléphone de sa chambre.

12. Dans cet hôtel, ils servent le petit déjeuner jusqu'à dix heures.

B. COMPLÉTEZ LES PHRASES AVEC L'ADJECTIF POSSESSIF APPROPRIÉ,

1. Tu as <u>ton</u> stylo et <u>tes</u> livres, Paul?

2. Mlle Caron a <u>son</u> sac et <u>sa</u> valise.

3. Nous avons <u>nos</u> valises et <u>notre</u> taxi!

4. Vous avez <u>votre</u> ordinateur et <u>vos</u> lettres à taper.

5. Albert et Nathalie prennent <u>leur</u> petit déjeuner.

C. COMPLÉTEZ SELON L'EXEMPLE

1. La leçon numéro 1 est <u>la première leçon</u>.

2. La question numéro 7 est <u>la septième question</u>.

3. Le dialogue numéro 1 est <u>le premier dialogue</u>.

4. La réponse numéro 15 est <u>la quinzième réponse</u>.

5. Le billet numéro 20 est <u>le vingtième billet</u>.

LESSON 9

A. RÉPONDEZ D'APRÈS LE DIALOGUE

1. Non, il ne veut pas de carte postale.

2. Oui, il veut des timbres.

3. Il veut envoyer deux lettres.

4. Il veut envoyer une lettre en Angleterre et une autre aux États-Unis.

5. Oui, elle va peser les lettres.

6. Il veut envoyer son colis à Montréal.

7. Par avion, ça met une semaine.

8. Quand il y a des jours fériés, ça met plus longtemps.

9. Avant d'envoyer le colis, il faut remplir une fiche.

10. Non, il ne faut pas écrire le numéro de téléphone de l'expéditeur.

11. Il faut écrire le nom et l'adresse de l'expéditeur et du destinataire.

12. En tout, il va payer vingt euros cinquante.

B. UTILISEZ LE PRONOM COMPLÉMENT D'OBJET DIRECT POUR LES MOTS SOULIGNÉS

1. Paul remplit <u>la fiche</u> = <u>Paul la remplit</u>.

2. Il écrit <u>le nom du destinataire</u> = <u>Il l'écrit</u>.

3. Nous mettons <u>les colis</u> à la poste = <u>Nous les mettons à la poste</u>.

4. Tu connais <u>Valérie</u>? = <u>Tu la connais</u>?

5. Je ne vois pas <u>le nom de l'expéditeur</u> = <u>Je ne le vois pas</u>.

6. Avez-vous <u>les billets de théâtre</u>? = <u>Les avez-vous</u>?

7. On ne sert pas <u>ce client</u>! = <u>On ne le sert pas</u>!

8. Maintenant, vous lisez <u>la phrase numéro 8</u> = <u>Maintenant, vous la lisez</u>.

C. *COMPLÉTEZ SELON L'EXEMPLE*

1. Ces timbres sont pour l'Europe, et <u>ceux-là</u> sont pour les États-Unis.

2. Cette secrétaire tape très vite, et <u>celle-là</u> aussi!

3. Ce stylo n'écrit pas, mais <u>celui-là</u> écrit très bien.

4. Ces employés sont français et <u>ceux-là</u> sont allemands.

5. Ce garçon dit toujours bonjour, mais <u>celui-là</u> ne le dit jamais!

LESSON 10

RÉPONDEZ D'APRÈS LE DIALOGUE

1. Non, il ne part pas pour le week-end.

2. Oui, il a de la famille à la campagne.

3. Oui, il aime se promener à Paris.

4. Oui, il est bleu.

5. Oui, il y a du soleil.

6. Oui, il dit qu'il va se promener.

7. Oui, il aime le passe Navigo.

8. Non, avec le passe Navigo, on ne peut pas prendre de taxi.

9. Oui, le passe Navigo, c'est pour l'autobus et le métro.

10. Oui, elle est pratique.

11. Non, généralement, il ne fait pas très froid en été à Paris.

12. Non, il ne fait pas trop chaud en hiver.

13. Il fait chaud en été.

14. Non, quand il fait très chaud, Paul ne met pas de pull.

15. Oui, je mets mon imperméable, quand il pleut.

16. Oui, Paul a beaucoup d'amis à Paris.

17. Oui, il va les voir.

18. Ils sont dans le Quartier Latin.

19. Quand Paul est chez ses amis, il bavarde, il regarde la télé, il écoute de la musique ou il lit des magazines.

20. Non, quand Mme Sorel a des vacances, elle ne reste pas à Paris.

21. En hiver, Mme Sorel va à la montagne.

22. Non, elle n'y va pas en été.

23. En été, elle va à la plage.

LESSON 11

A. RÉPONDEZ D'APRÈS LE DIALOGUE

1. Elle parle à Albert.

2. Oui, il lui répond en français.

3. Oui, il a téléphoné à Catherine. (ou Oui, il lui a téléphoné.)

4. Il lui a donné ce coup de téléphone hier soir.

5. Non, elle ne va pas venir avec sa famille.

6. Catherine va venir chez Nathalie avec deux amis. (ou ... avec deux de ses amis.)

7. En tout, ils vont être cinq.

8. Catherine et ses amis vont apporter le fromage et le dessert.

9. Pour ce pique-nique, Nathalie prépare une salade délicieuse.

10. Non, Albert ne sait pas faire la cuisine.

11. Il a acheté deux poulets rôtis.

12. Nathalie va les mettre dans le panier.

13. Il faut encore acheter le vin et le pain.

14. On l'achète à la boulangerie.

15. Elle est juste en face de l'immeuble.

16. Elle est un peu plus loin.

17. Oui, il sait où c'est.

18. Il va chercher le vin et le pain.

B. COMPLÉTEZ LES PHRASES AVEC LE PASSÉ COMPOSÉ DES VERBES

1. Hier, Paul <u>a envoyé</u> une carte postale.
2. Hier, <u>j'ai étudié</u> la leçon 10.
3. Hier, tu <u>as fini</u> l'exercice de la leçon 10.
4. Hier, vous <u>avez téléphoné</u> à vos amis.
5. Hier, les amis de Catherine <u>ont acheté</u> du fromage.
6. Est-ce que tu <u>as écouté</u> de la musique, hier soir?
7. Hier, nous <u>avons attendu</u> l'autobus un quart d'heure.
8. Non, je <u>n'ai pas regardé</u> la télévision hier soir.

C. UTILISEZ LE PRONOM COMPLÉMENT D'OBJET INDIRECT

1. Nous donnons un magazine <u>au professeur</u>. = <u>Nous lui donnons un magazine</u>.
2. Tu as envoyé un colis <u>à M. et Mme Sorel</u>. = <u>Tu leur as envoyé un colis</u>.
3. Albert n'apporte pas le dessert <u>à Nathalie</u>. = <u>Albert ne lui apporte pas le dessert</u>.
4. Le garçon a servi le petit déjeuner <u>à Albert et à Nathalie</u>. = <u>Le garçon leur a servi le petit déjeuner</u>.
5. Répondez-vous tout de suite <u>au patron</u>? = <u>Lui répondez-vous tout de suite</u>?

LESSON 12 (Récapitulation)

A. CHOISISSEZ L'ARTICLE APPROPRIÉ: LE, LA, L' OU LES?

1. <u>la</u> brioche
2. <u>les</u> tartines
3. <u>la</u> confiture
7. <u>la</u> réservation
8. <u>les</u> villes
9. <u>les</u> bagages
10. <u>les</u> porteurs
11. <u>les</u> étages

4. <u>le</u> thé
5. <u>les</u> films
6. <u>le</u> marché aux puces
37. <u>le</u> week-end
38. <u>la</u> campagne
39. <u>les</u> saisons
40. <u>l'</u> année
41. <u>le</u> soleil

12. l' ascenseur
13. le coup de téléphone
14. les chambres
15. la salle à manger
16. le rez-de-chaussée
17. le bureau de poste
18. la carte postale
19. l' enveloppe
20. l' Amérique
21. les États-Unis
22. le colis (les colis)
23. les jours fériés
24. la fiche
25. l' adresse
26. le timbre
27. le destinataire
28. l' expéditeur
29. les papiers
30. la ligne
31. le contenu
32. la valeur
33. les euros
34. la boulangerie
35. la petite monnaie
36. le temps

42. les nuages
43. l' imperméable
44. le pull
45. le parapluie
46. l' autobus
47. le bus
48. la télévision
49. les magazines
50. les vacances
51. l' hiver
52. le printemps
53. l' été
54. l' automne
55. la montagne
56. la plage
57. les fromages
58. le dessert
59. le poulet rôti
60. le panier
61. la salade
62. le vin
63. l' épicerie
64. la charcuterie
65. l' immeuble

B. METTEZ LES VERBES AU PRÉSENT

1. Le garçon ne sert pas de champagne.
2. Quand il fait froid, je mets un pull.
3. Que lisez-vous?
4. J'espère que vous pouvez lire cette phrase!

5. Nous <u>attendons</u> un taxi.

6. Paul et Robert <u>remplissent</u> des formulaires.

7. Vous <u>payez</u> le garçon?

8. Je ne <u>connais</u> pas ce monsieur.

9. Est-ce que vous <u>pesez</u> les lettres à la poste?

10. Paul <u>indique</u> la valeur de son colis.

11. Qu'est-ce que vous <u>dites</u>?

12. Combien ça <u>fait</u>?

13. Je <u>vois</u> mes amis le dimanche.

14. Est-ce que vous <u>restez</u> en ville ce week-end?

15. Catherine et Michel <u>arrivent</u> à dix heures.

16. Qu'est-ce que tu <u>fais</u>?

17. Vous <u>venez</u> avec nous à la campagne?

18. Nous <u>préférons</u> la plage!

19. On <u>passe</u> l'après-midi ensemble.

20. Nous <u>bavardons</u> pendant le petit déjeuner.

21. Tu me <u>donnes</u> ton livre?

22. Je vous <u>apporte</u> du fromage.

23. Nathalie nous <u>prépare</u> une salade délicieuse!

24. Paul leur <u>envoie</u> une carte postale.

25. Ces étudiants vous <u>téléphonent</u>-ils le dimanche?

C. *CHOISISSEZ LE PRONOM APPROPRIÉ*

1. J'appelle <u>le taxi</u>. = Je <u>l'</u>appelle.

2. Vous commencez <u>l'exercice</u>. = Vous <u>le</u> commencez.

3. Albert va <u>à la charcuterie</u>. = Albert <u>y</u> va.

4. Paul envoie une lettre <u>à ses amis</u>. = Paul <u>leur</u> envoie une lettre.

5. Nous n'avons pas fini <u>ce livre</u>. = Nous ne <u>l'</u>avons pas fini.

6. As-tu téléphoné <u>aux clients</u>, hier? = <u>Leur</u> as-tu téléphoné, hier?

7. Les deux poulets sont <u>dans le panier</u>. = Les deux poulets <u>y</u> sont.

8. Hier, est-ce qu'on a apporté une lettre <u>à ce monsieur</u>? = Hier, est-ce qu'on <u>lui</u> a apporté une lettre?

9. Demain, je vais dire bonjour <u>à Paul</u>. = Demain, je vais <u>lui</u> dire bonjour.

10. Demain, je vais voir <u>M. et Mme Sorel</u>. = Demain, je vais <u>les</u> voir.

D. RÉPONDEZ AU FUTUR PROCHE

1. Non, je vais parler à la secrétaire demain. (ou Non, je vais lui parler demain.)

2. Non, le garçon de café va servir le petit déjeuner demain. (ou Non, il va le servir demain.)

3. Non, je vais attendre Catherine demain. (ou Non, je vais l'attendre demain.)
   Non, nous allons attendre Catherine demain. (ou Non, nous allons l'attendre demain.)

4. Non, je vais payer les timbres demain. (ou Non, je vais les payer demain.)

5. Non, ils vont répondre demain.

LESSON 13

A. RÉPONDEZ D'APRÈS LE DIALOGUE

1. Elle veut aller au musée du Louvre.

2. Elle a parlé à un agent de la circulation.

3. Elle est à pied.

4. Non, le Louvre ne se trouve pas loin de la place de l'Opéra.

5. Oui, il y a un jardin en face du musée.

6. Elle se trouve au milieu de l'esplanade du Carousel.

7. Oui, elle y va.

8. Oui, on vend des billets à l'entrée du musée.

B. COMPLÉTEZ LES PHRASES AVEC LE PASSÉ COMPOSÉ DES VERBES

1. Est-ce que vous <u>avez été</u> content de visiter le musée?

2. Je <u>suis resté(e)</u> deux semaines à Paris.

3. Hier, j'<u>ai fait</u> la cuisine pour mes amis.

4. Nous <u>avons pris</u> un taxi pour visiter Paris.

5. Où <u>êtes</u>-vous <u>allé(e)(s)</u>?

6. Tu <u>as mis</u> ton nom sur l'enveloppe?

7. Qu'est-ce que vous <u>avez dit</u>?

8. Nous <u>sommes arrivé(e)s</u> à dix heures.

9. La touriste <u>a lu</u> une brochure sur le Louvre.

10. Est-ce que vous <u>avez pu</u> prendre l'avion?

C. CHOISISSEZ QUI OU QUE

1. L'employé <u>qui</u> travaille dans ce bureau s'appelle Martin.

2. Où se trouve le musée <u>que</u> vous avez visité?

3. Nous savons <u>que</u> la pyramide est à l'entrée du musée.

4. Je ne connais pas la réceptionniste <u>qui</u> a répondu.

5. On a pris le premier taxi <u>qui</u> est arrivé!

D. METTEZ LES VERBES À L'IMPÉRATIF

1. Vous et moi, <u>allons</u> faire une promenade!

2. S'il vous plaît, M. Sorel, <u>continuez</u> votre travail!

3. Toi et moi, <u>prenons</u> les billets!

4. Abou et Jacques, <u>ne traversez</u> pas la rue!

5. Si vous voulez, vous et moi, <u>descendons</u> en ascenseur!

LESSON 14

A. RÉPONDEZ D'APRÈS LE DIALOGUE

1. Non, il n'est pas allé chez moi.

2. Il est allé chez Mme Sorel.

3. Elle est en train de servir du café.

4. Non, ils ne boivent pas de champagne.

5. Il prend son café sans sucre.

6. Non, elle ne boit pas de café.

7. Elle préfère le thé.

8. L'oncle de Mme Sorel habite à Pau.

9. La soeur de Mme Sorel est mariée.

10. Elle a trois enfants.

11. Non, Albert n'habite pas avec Nathalie.

12. Il habite avec son père, sa mère, son grand-père et sa grand-mère.

13. Oui, il cherche un appartement.

14. Non, il ne trouve rien dans le journal.

15. Non, elle ne va pas à Lyon en avion.

16. Pour aller à Lyon, Nathalie prend le TGV.

17. Elle y va dès qu'elle a des vacances.

18. Non, ils ne vont pas aussi vite que le TGV.

LESSON 15

A. RÉPONDEZ D'APRÈS LE DIALOGUE

1. Ils sont dans une gare.

2. Oui: Le Bureau des Objets Trouvés est au fond de la gare.

3. Non, il ne cherche pas son parapluie.

4. Il cherche sa valise.

5. Oui, il a perdu cette valise.

6. Non, ce n'est pas la sienne.

7. Elle est plus petite.

8. Non, elle n'est pas de la même couleur.

9. La sienne est bleue.

10. Dans sa valise, il y a tous ses vêtements et ses affaires.

11. Non, il n'a pas laissé sa valise chez moi.

12. Non, il n'a pas donné sa valise à un ami. (ou Non, il ne l'a pas donnée à un ami.)

13. Oui, il est arrivé à la gare avec la valise.

14. Non, il n'a pas mis la valise dans le train.

15. Oui, il est allé au guichet avec la valise. (ou Oui, il y est allé avec la valise.)

16. Non, il n'a pas mis la valise sur le comptoir du guichet. (ou Non, il ne l'a pas mise sur le comptoir du guichet.)

17. Oui, le voyageur a fait la queue au guichet.

18. Oui, il a attendu pour acheter un billet de train.

19. Non, il n'a pas quitté le guichet avec sa valise.

20. La voyageuse a retrouvé la valise.

21. Elle a retrouvé la valise au Bureau des Objets Trouvés. (ou Elle l'a retrouvée au ...)

22. Oui, il est content de retrouver sa valise. (ou Oui, il est content de la retrouver.)

23. Oui, elle a été gentille.

24. Non, on ne sait pas où elle habite.

25. Oui, il veut le savoir.

LESSON 16 (Récapitulation)

A. CHOISISSEZ LE MOT APPROPRIÉ

1. Ce monsieur est un <u>agent</u> de la circulation.

2. Pour <u>descendre</u>, prenez l'ascenseur.

3. Il faut tourner à <u>droite</u>.

4. Le boulevard Haussmann, c'est le boulevard que nous voyons à <u>gauche</u>.

5. Continuez <u>jusqu'à</u> la place de l'Opéra.

6. Où se trouve le <u>rond-point</u> de la Comédie Française?

7. Mais non, ce n'est pas loin, c'est <u>près</u>!

8. Le Louvre est <u>à</u> trente minutes d'ici.

9. Est-ce que vous y allez <u>à pied</u> ou en voiture?

10. Y allez-vous avant la leçon, ou <u>après</u>?

11. Est-ce <u>facile</u> ou difficile?

12. La pyramide se trouve <u>au milieu</u> de l'esplanade du Carrousel.

13. La touriste a lu une <u>brochure</u> sur le Louvre.

14. Nous allons faire une petite <u>promenade</u> à pied.

15. Nos amis sont <u>assis</u> dans le salon.

16. Mme Sorel est la <u>femme</u> de M. Sorel.

17. Elle est en train <u>de</u> servir le café.

18. Albert prend son café <u>sans</u> sucre.

19. Albert n'est pas le <u>mari</u> de Nathalie.

20. Je ne bois <u>jamais</u> de thé.

21. Tu n'écoutes <u>personne</u>!

22. Mon oncle <u>a</u> soixante ans.

23. Le frère de Mme Sorel est <u>célibataire</u>.

24. Quel âge <u>as</u>-tu?

25. Albert habite dans la <u>banlieue</u> parisienne.

26. Le père de mon père est mon <u>grand-père</u>.

27. On prend l'avion à l'<u>aéroport</u>.

28. Je lis le <u>journal</u> tous les jours

29. Albert cherche mais il ne <u>trouve</u> rien.

30. Notre-Dame est en plein <u>centre</u> de Paris

31. Vite! Je suis <u>pressé</u>!

32. Nathalie va à Lyon <u>dès qu'</u>elle a des vacances.

33. En TGV, ça va <u>plus</u> vite!

34. Je ne me <u>rappelle</u> pas où j'ai mis mon passeport.

35. Le voyageur a fait la <u>queue</u> pour acheter un billet de train.

36. Êtes-vous assis <u>à côté</u> de moi?

37. Il y a un <u>escalier</u> pour aller au premier étage.

38. De quelle <u>couleur</u> est votre livre?

39. Où <u>se trouve</u> le Bureau des Objets Trouvés?

40. Une voiture a quatre <u>roues</u>.

41. <u>Où</u> avez-vous trouvé cet objet?

42. Il a pris toutes les valises en <u>même</u> temps.

43. <u>Excusez</u>-moi, je suis désolé.

44. Cette clé n'est pas la <u>mienne</u>!

45. Est-ce que vous <u>pourriez</u> me vendre un billet, s'il vous plaît?

46. Cette question <u>finit</u> l'exercice.

B. COMPLÉTEZ LES PHRASES AVEC LE PASSÉ COMPOSÉ DES VERBES

1. Hier, nous <u>avons eu</u> beaucoup de travail.

2. Albert <u>est resté</u> un mois à Lyon.

3. Hier, nous <u>avons fait</u> la cuisine pour nos amis.

4. Est-ce que vous <u>avez pris</u> un taxi pour visiter Paris?

5. Où <u>es</u>-tu <u>allé(e)</u>?

6. J'<u>ai mis</u> mon nom sur l'enveloppe.

7. Qu'est-ce que tu <u>as dit</u>?

8. Le voyageur <u>est arrivé</u> a dix heures.

9. On <u>a lu</u> une brochure sur le Louvre.

10. Est-ce que cette voyageuse <u>a pu</u> prendre l'avion?

11. Hier, je <u>suis venu(e)</u> au bureau sans la voiture.

12. Hier matin, nous n'<u>avons</u> pas <u>vu</u> l'autobus.

13. <u>As</u>-tu <u>apporté</u> ton parapluie?

14. Je <u>suis parti</u>(e) en vacances sans ma famille.

15. Les employés n'<u>ont</u> pas <u>dit</u> bonjour au patron.

16. Nous <u>avons acheté</u> une carte de France.

17. Est-ce que l'agent <u>a répondu</u> au touriste?

18. Je n'<u>ai</u> pas <u>pu</u> visiter tout le musée.

19. Vous n'<u>avez</u> pas <u>eu</u> le temps?

20. Albert <u>a</u>-t-il <u>voulu</u> faire la cuisine?

21. Aujourd'hui il ne pleut pas. Mais hier, est-ce qu'il <u>a plu</u>?

22. Qu'est-ce que vous <u>avez fait</u> hier soir?

23. Thomas n'<u>est</u> pas encore <u>revenu</u> de vacances.

24. <u>Êtes</u>-vous déjà <u>allé(e)(s)</u> au musée d'Orsay?

25. À quelle heure cet employé <u>est</u>-il <u>arrivé</u> au bureau?

26. Paul m'<u>a envoyé</u> une carte postale.

27. <u>Es</u>-tu <u>descendu(e)</u> au rez-de-chaussée?

28. Je <u>suis resté(e)</u> tout l'après-midi au musée au Louvre.

29. Ils <u>ont vendu</u> les billets à l'entrée.

30. Nous <u>avons choisi</u> le verbe qu'il faut!

C. *CHOISISSEZ QUI OU QUE (OU QU')*

1. Connaissez-vous le monsieur <u>qui</u> est sorti?

2. L'avenue <u>qui</u> est en face de nous est l'avenue des Champs-Élysées.

3. Les amis <u>qu'</u>elle attend vont arriver à quatre heures.

4. La brochure <u>que</u> nous lisons est très intéressante.

5. Avez-vous parlé au monsieur <u>qui</u> est venu ce matin?

6. Comment s'appelle le garçon <u>qui</u> a téléphoné?

7. Le musée <u>que</u> nous avons visité hier est le Louvre.

8. Tu vas reconnaître la pyramide <u>qui</u> se trouve au milieu.

9. Ils disent <u>que</u> le jardin des Tuileries est très beau.

10. Le voyageur <u>qui</u> a perdu sa valise s'appelle Dubois.

11. On sait bien <u>que</u> la pyramide est l'entrée du musée.

12. Voici la réceptionniste <u>qui</u> m'a répondu au téléphone.

13. Où se trouve le jardin <u>qu'</u>elle a visité?

14. Les voyageurs ont pris le premier autobus <u>qui</u> est arrivé!

15. Quel est le restaurant <u>que</u> tu préfères?

D. *RÉPONDEZ À LA FORME NÉGATIVE*

1. Non, je n'écris rien en espagnol.

2. Non, je ne vois personne devant moi.

3. Non, je n'écoute rien à la radio.

4. Non, je ne lis rien dans le journal.

5. Non, je n'appelle personne au téléphone.

E. *RÉPONDEZ AVEC EN TRAIN DE + infinitif*

1. Oui, je suis en train de regarder la télé.

2. Oui, elle est en train de boire du café.

3. Oui, je suis en train d'écouter de la musique.

4. Oui, il est en train de lire son journal.

5. Oui, je suis en train de finir cet exercice.

F. RÉPONDEZ PAR DES PHRASES COMPLÈTES

1. Oui, il va plus vite que le train.
2. Oui, en France, l'hiver est plus froid que l'automne.
3. Oui, Monaco est moins grand que Paris.
4. Oui, ils vont moins vite que le TGV.
5. Non, le jardin des Tuileries ne se trouve pas à Bordeaux.
6. Quand il fait beau, le ciel est bleu.
7. Oui, c'est le mien.
8. Non, je n'ai pas fini tous les exercices de cette leçon.
9. La leçon 16 est avant la leçon 17.
10. Non, je n'ai pas lu tout le livre.

LESSON 17

A. RÉPONDEZ D'APRÈS LE DIALOGUE

1. Elle s'appelle Awa.
2. Non, elle n'habite pas à Paris.
3. Non, elle n'est pas plus vieille qu'Abou.
4. Oui, ils ont le même âge.
5. Quand Awa est à la campagne, elle se lève tôt.
6. Elle se lève à six heures du matin.
7. Avant le lever du soleil, Awa se lave, elle se brosse les dents et elle s'habille.
8. Non, elle ne se couche jamais après dix heures du soir.
9. Oui, Abou est parisien.
10. Oui, on peut faire beaucoup de choses le soir à Paris.
11. Non, à la campagne, il n'y a pas beaucoup de choses pour les jeunes.
12. Elle se couche tôt parce qu'elle s'ennuie.
13. Non, Abou n'aime pas la campagne.
14. Il ne l'aime pas parce que c'est trop tranquille. Ça lui semble monotone.
15. Oui, les parents d'Awa se sont habitués à la campagne.

16. Ils disent qu'à la campagne, on se repose.

17. Oui, Awa peut venir habiter chez Abou.

18. Oui, ils aiment Awa.

19. Oui, c'est leur nièce.

20. Non, Abou et Awa ne sont pas mes cousins.

21. Non, nous ne sommes pas de la même famille.

22. Elle vient d'acheter Pariscope.

23. Dans ce magazine, elle va regarder s'il y a quelque chose qui leur plaît.

24. Oui, ils aiment sortir ensemble.

25. Oui, ils s'amusent bien.

LESSON 18

A. RÉPONDEZ D'APRÈS LE DIALOGUE

1. Oui, la vendeuse s'occupe du client.

2. Non, il ne veut pas essayer de veston.

3. Il veut essayer des chaussures.

4. Oui, elles sont sur une étagère.

5. Elles se trouvent à droite.

6. Oui, la pointure neuf aux États-Unis, c'est la pointure quarante en France.

7. Non, il ne reste pas de chaussures de pointure quarante en marron.

8. Non, elle n'a pas trouvé les chaussures.

9. Oui, elle dit qu'elle va les commander.

10. Oui, elle les aura plus tard.

11. Elle les aura demain.

12. Non, le client n'a pas pu essayer les chaussures. (ou Non, il n'a pas pu les essayer.)

13. Il doit revenir demain après-midi.

14. Ce magasin ferme à dix-huit heures trente.

15. Oui, il ferme à six heures et demie du soir.

16. Oui, le client doit faire d'autres achats dans ce grand magasin.

17. Il doit acheter des cravates.

18. Oui, pour cela, il doit descendre au rez-de-chaussée.

19. Oui, on y trouve également des chemises, des pantalons et des chaussettes.

20. Oui, on vend des souvenirs, de l'autre côté du magasin. (ou Oui, on y vend des souvenirs.)

21. Oui, on en vend aussi dans les aéroports.

22. Non, il ne doit pas acheter de souvenirs pour moi.

23. Il doit en acheter pour des amis étrangers.

24. Non, il n'a pas oublié ses amis.

25. Pour descendre au rez-de-chaussée du magasin, le client va prendre l'escalier mécanique.

LESSON 19

A. RÉPONDEZ D'APRÈS LE DIALOGUE

1. Albert, et Nathalie sont en train de dîner.

2. Oui, ils ont faim.

3. Sur la table, il y a des hors-d'oeuvres, du poisson, de la viande, des légumes et de la salade.

4. Ils ont bu une bouteille de champagne.

5. Non, je ne sais pas qui a ouvert la bouteille.

6. Non, aujourd'hui, ce n'est pas mon anniversaire.

7. C'est l'anniversaire d'Albert.

8. Nathalie félicite Albert parce qu' Albert a décroché son permis de conduire.

9. Il préfère parler des vacances.

10. Elle va retourner à Lyon pour quelques jours. Et après, si elle a le temps, elle passera quelques jours en Suisse.

11. Il ira d'abord à Bordeaux.

12. Oui, il aime le sport.

13. Oui, il aime aussi danser.

14. Non, elle ne viendra pas voir Albert sur la Côte d'Azur.

15. Oui, elle aimerait y aller.

16. Elle ne pourra pas y aller parce qu'elle n'a pas de voiture et qu'elle aura très peu de temps.

17. Oui, si elle avait une voiture, elle pourrait peut-être y aller.

18. Albert veut prêter une voiture à Nathalie.

19. Oui, c'est gentil de la part d'Albert. (ou Oui, c'est gentil de sa part.)

20. Oui, il sait que Nathalie est prudente.

21. Non, elle n'accepte pas.

22. Elle doit être de retour à Paris le 12 juillet.

23. Oui, il a trouvé un appartement.

24. Oui, il a beaucoup de fenêtres.

25. Il est près de la banque où travaille Albert.

26. Nathalie voudrait aussi visiter l'appartement d'Albert.

27. Il pourra inviter Nathalie quand il sera installé.

28. Oui, il y a un gâteau d'anniversaire pour Albert

29. Non, Albert ne doit pas allumer les bougies. (ou Non, il ne doit pas les allumer.)

30. Il doit éteindre les bougies. (ou Il doit les éteindre.)

31. Oui, en général, on doit éteindre la télé avant de se coucher.

LESSON 20 (Récapitulation)

A. CHOISISSEZ LE MOT APPROPRIÉ

1. Nous avons <u>passé</u> quelques jours à la plage.

2. Abou et Awa ont le même <u>âge</u>.

3. Tu es arrivé tard. Moi, au contraire, je suis arrivé <u>tôt</u>.

4. Je me lave dans la <u>salle de bains</u>.

5. Nous nous <u>habillons</u> pour aller à l'Opéra.

6. Vous n'avez pas raison: vous avez <u>tort</u>!

7. Si tu as <u>soif</u>, bois.

8. Awa ne se couche jamais tard.

9. Abou n'a pas d'argent. C'est dommage!

10. Est-ce que tu aimes ce mode de vie?

11. Mes parents se sont habitués à la campagne.

12. Quand je suis fatigué, je me repose.

13. M. Sorel est plus vieux que Paul.

14. Quand partez-vous en vacances?

15. Quel journal lis-tu?

16. Savez-vous jouer aux cartes?

17. Je ne comprends pas très bien cette phrase.

18. Ce voyage me semble un peu monotone.

19. Aimez-vous ma cravate? Est-ce qu'elle vous plaît?

20. Le client a fait quelques achats.

21. Les chaussures sont sur une étagère.

22. Vous désirez une voiture? Laquelle?

23. Avant de traverser, il faut regarder à droite et à gauche.

24. Nous allons essayer ce vêtement avant de l'acheter.

25. Vingt-deux heures, c'est dix heures du soir.

26. En France, quand on mange, il faut mettre les mains sur la table.

27. Quand on a fini de boire, la bouteille est vide.

28. À quelle heure ce magasin ouvre-t-il?

29. Il y a de l'argent à la banque. Il y en a beaucoup!

30. Mettez-vous votre chemise avec une cravate ou sans cravate?

31. Est-ce qu'on met les chaussettes avant de mettre les chaussures ou après?

32. Par où est-ce qu'on descend?

33. La vendeuse va commander un pantalon et un veston pour le client.

34. Vous êtes en train de répondre à mes questions.

35. On sert les hors-d'oeuvres avant le poisson et la viande.

36. À qui a-t-on dit "joyeux anniversaire"?

37. Paul est devenu l'ami de Nathalie.

38. En été, tout le <u>monde</u> part en vacances!

39. Albert aime-t-il faire du <u>sport</u>?

40. Quelquefois, les questions sont difficiles et les exercices sont <u>compliqués</u>!

41. Albert a voulu <u>prêter</u> sa voiture à Nathalie.

42. Est-ce que la jeune fille a <u>accepté</u>?

43. Elle a répondu: "C'est gentil; je te <u>remercie</u>."

44. Nous avons regardé par la <u>fenêtre</u> de la cuisine.

45. Albert va s'<u>installer</u> dans son nouvel appartement.

46. Albert doit <u>éteindre</u> les bougies de son gâteau d'anniversaire.

47. Avez-vous <u>allumé</u> la radio ce matin?

48. Je téléphonerai à Nathalie <u>quand</u> j'arriverai à Bordeaux.

49. Si Abou et Awa avaient un million, ils <u>feraient</u> le tour du monde.

50. Il faut que nous <u>finissions</u> cet exercice!

B. TRANSFORMEZ LES PHRASES SELON LES EXEMPLES

1. **(a)** Avant de boire, nous avons ouvert la bouteille.
   (b) Après avoir ouvert la bouteille, nous avons bu.

2. **(a)** Avant d'envoyer la lettre, tu écris ton adresse!
   (b) Après avoir écrit ton adresse, tu envoies la lettre!

3. **(a)** Avant de téléphoner, on a attendu dix minutes.
   (b) Après avoir attendu dix minutes, on a téléphoné.

4. **(a)** Avant d'acheter quelques souvenirs, je descendrai au rez-de-chaussée.
   (b) Après être descendu au rez-de-chaussée, j'achèterai quelques souvenirs.

5. **(a)** Avant de sortir, les jeunes gens se sont habillés.
   (b) Après s'être habillés, les jeunes gens sont sortis.

C. TROUVEZ LES QUESTIONS

1. Quel âge avez-vous? (ou Quel âge as-tu?)

2. Quel temps fait-il aujourd'hui?

3. À quelle heure ferme ce magasin? (ou À quelle heure ce magasin ferme-t-il?)

4. De quelle couleur est votre veston? (ou De quelle couleur est ton veston?)

5. Depuis combien de temps êtes-vous en France? (ou Depuis combien de temps es-tu en France?)

***D.* METTEZ LE VERBE AU TEMPS QUI CONVIENT: PRÉSENT, FUTUR, PASSÉ COMPOSÉ, IMPARFAIT, CONDITIONNEL OU SUBJONCTIF**

1. Demain vous partirez pour Bordeaux et Albert <u>partira</u> pour Lyon.

2. Je <u>dois</u> envoyer ce colis aujourd'hui.

3. Hier, à huit heures du soir, Paul <u>a téléphoné</u> à Nathalie.

4. J'ai commencé à travailler à six heures, et maintenant, il est huit heures: je <u>travaille</u> depuis deux heures.

5. L'année prochaine, tu iras à Monaco, et nous <u>irons</u> à Cannes.

6. Quand ils étaient petits, Albert et ses amis <u>faisaient</u> toujours du sport.

7. Maintenant, vous <u>faites</u> le dernier exercice de ce livre.

8. L'été prochain, je serai à Toulouse. Et vous? Où <u>serez</u>-vous?

9. Avant, je <u>buvais</u> toujours du vin. Maintenant, je bois de l'eau.

10. Je ne prends pas de poisson. Je n'en <u>mange</u> jamais!

11. Il y a de la viande et des légumes. Qui en <u>veut</u>?

12. Aujourd'hui, tu vas à la plage. Avant, tu <u>allais</u> à la campagne.

13. Si j'<u>ai</u> des vacances, je voyagerai.

14. Si vous <u>êtes</u> fatigués, asseyez-vous à la terrasse d'un café.

15. Le patron veut que sa secrétaire écrive une lettre.

16. L'été dernier, pour la fête du 14 juillet, nous <u>avons dansé</u> dans la rue.

17. Si Nathalie avait le temps, elle <u>irait</u> sur la Côte d'Azur.

18. Je me rappelle bien! Avant de trouver un appartement, Albert <u>était</u> avec ses parents.

19. Mardi dernier, il <u>a trouvé</u> un appartement.

20. Si tu habitais à Paris, tu <u>parlerais</u> français.

21. Il est quatre heures dix. Nous <u>attendons</u> l'autobus depuis dix minutes.

22. Il faut que je <u>fasse</u> un peu de sport.

23. J'ai mangé de la confiture. Et toi? Est-ce que tu en <u>as mangé</u>?

24. Quel jour <u>est</u>-ce aujourd'hui?

25. Nous <u>venons</u> de dîner et maintenant nous allons prendre un café.

26. Il y a du thé. Est-ce que vous en <u>voulez</u> maintenant?

27. Aimez-vous qu'on <u>fasse</u> la cuisine pour vous?

28. Hier, je <u>me suis trompé(e)</u> quand j'ai fait l'exercice!

29. En général, est-ce que les voyageurs <u>doivent</u> avoir un passeport?

30. C'est très bien! C'est formidable! Vous <u>venez</u> de finir le dernier exercice!

After nouns the following abbreviations have been used to indicate the gender of the word: *m* – masculine; *f* – feminine

à: to, at
À bientôt!: See you soon!
à Bordeaux: to Bordeaux/in Bordeaux
à cet étage: on this floor
à côté de: beside
à demain: see you tomorrow
à droite: right, on the right
à gauche: left, on the left
à Marseille: to Marseille/at Marseille/in Marseille
à pied: on foot
à quelle heure?: at which hour/at what time?
à tout à l'heure!: see you soon!
à trois heures: at three o'clock
accepter: to accept
achat, *m*: purchase
acheter: to buy
addition, *f*: check (at a restaurant, a bar, etc.)
adorer: to love
aéroport, *m*: airport
affaires: stuff/business
affranchir: to stamp
âge, *m*: age
agent de la circulation, *m*: traffic policeman
Ah bon!: Ah, OK!
allemand♂/allemande♀: German
aller: to go
aller chercher: to go look for, go to fetch
aller voir: to go and see
allez: go
Allô?: Hello? (on the phone only)
allumer: to light/to turn on (radio, TV, etc.)
alors: then
américain♂/américaine♀: American
ami, *m*: friend (male)
amie, *f*: friend (female)
Anglais♂/Anglaise♀: English (person)
anglais, *m*: English (language)
année, *f*: year
année dernière: last year
anniversaire, *m*: birthday

appeler: to call
apporter: to bring
approximatif♂/approximative♀/approximatifs♂/approximatives♀:
approximate
après: after, afterward
après avoir cherché: after looking, after having looked
argent, *m*: money
arrêt de bus, *m*: bus stop
arriver: to arrive
ascenseur, *m*: an elevator
Asseyez-vous!: Sit down!
assis♂/assise♀/assis♂/assises♀: seated
As-tu parlé?: Have you spoken?
attendre: to wait
Attention!: Watch out!
au contraire: on the contrary
au fait: by the way
au fond de: at the end of
au fond de la gare: at the back of the station
au milieu: in the middle
au moins: at least
au revoir: goodbye
au rez-de-chaussée: on the first floor
aujourd'hui: today
aussi: also
autre/autres: other
les autres: the others
attendre: to wait for
avant: before
avant de manger: before eating
avant de se quitter: before leaving one another
avant de quitter: before leaving
avec: with
avec plaisir: with pleasure
avec toi: with you
avenue, *f*: avenue
avion, *m*: plane
avoir: to have
avoir faim: to be hungry
avoir le temps: to have the time
avoir raison: to be right
avoir soif: to be thirsty
avoir tort: to be wrong

bagages: luggage
balance, *f*: scales
banlieue, *f*: suburbs, outskirts

banque, *f*: bank
bar, *m*: a bar
beau♂/belle♀/beaux♂/belles♀: pretty, attractive, nice
beaucoup: a lot
beaucoup de: a lot of
beaucoup de livres: a lot of books
beaucoup de travail: a lot of work
beaucoup moins: much less
beaucoup plus tard que ça: very much later than that
beaucoup plus tôt: very much earlier
belge, ♂/♀: Belgian
beurre, *m*: butter
bien: good/well
bien sûr: of course/sure
bientôt: soon
billet, *m*: ticket
billet d'avion: plane ticket
billet de train: train ticket
bleu: blue
boire: to drink
boîte, *f*: box
bonjour: hello
Bonne idée!: good idea!
Bonne promenade!: Have a nice walk!
Bonne soirée!: Have a nice evening!
Bon voyage!: Have a good trip!
bougie, *f*: candle
boulangerie, *f*: baker's store
boulevard, *m*: boulevard
bouteille, *f*: bottle
bouteille de champagne: bottle of champagne
brioche, *f*: brioche
brochure, *f*: brochure
bureau, *m*: desk/office
bus/autobus, *m*: bus

ça: that
Ça fait combien?/Combien ça fait?: How much is that?
ça m'arrange: that will help me
ça me semble: it seems to me
ça nous plaît: we like that
ça s'arrête: it stops
Ça va?: How is it going?/Is everything all right?
ça va vite: it goes quickly/it's fast
café au lait, *m*: a coffee with milk
café noir, *m*: a black coffee
calendrier, *m*: calendar

campagne, *f*: countryside
canadien♂/canadienne♀: Canadian
capitale, *f*: capital
carte, *f*: card
carte d'identité: identity card
catastrophique: terrible, disastrous
ce (cet before vowels, *m*, or cette, *f*): this
ce genre de chaussures: this style of shoes
ce matin: this morning
ce n'est pas mal: it's not bad
ce serait: this would be
ce soir: this evening
c'est à vingt minutes: it's twenty minutes away
c'est ça: that's it, that's what
C'est ça qui est difficile.: That's what's difficult.
C'est dommage!: What a pity!
c'est entendu: it's agreed
c'est gentil de votre part: it's kind of you
C'est là qu'on vend les billets.: That's where they sell tickets.
C'est pour ça que je n'aime pas...: That's why I don't like...
c'est pourquoi: that's why
C'est tout?: Is that all?
c'est très facile: it's very easy
célibataire: unmarried, single
celles qui sont à droite: those on the right
celui-ci♂/celle-ci♀: this one
celui-là♂/celle-là♀: that one
cent: a hundred
centre, *m*: the center
certainement: certainly
ces: these/those
cet après-midi: this afternoon
ceux: those
ceux-ci♂/celles-ci♀: these ones
ceux-là♂/celles-là♀: those ones
chaise, *f*: chair
chambre, *f*: room
changer: to change
chanter: to sing
charcuterie, *f*: butcher's store
chemin, *m*: way
chemise, *f*: shirt
chercher (regular "er" verb): to look for
chez: at the home of
chez elle: at her home/at her house
chez mes parents: at my parents' house
chez moi: at my house

chez nous: at our house
chez toi: at your house
chez vous: at your house
chien, *m*: dog
chocolat, *m*: chocolate
choisir: to choose
chose, *f*: thing
ciel, *m*: sky
cinéma, *m*: movie theater
cinquante: fifty
citron, *m*: lemon
clé, *f*: key
client, *m*: client/customer
coin, *m*: corner
colis, *m*: package
combien: how many/how much
commande, *f*: order
commander: to order
comme: like, as
comme nous: like us/ourselves
commencer: to begin/to start
comment: how
Comment allez-vous?: How are you?
compliqué: complicated
comprendre (conjugated like prendre): to understand
confiture, *f*: jam
conjugaison, *f*: conjugation
content♂/contente♀/contents♂/contentes♀: happy
contenu, *m*: contents
continuez: continue
conversation, *f*: conversation
côté, *m*: side
Côte d'Azur, *f*: the French Riviera
couleur, *f*: color
coup de téléphone, *m*: telephone call
courriel, *m*: e-mail
cousin, *m*: cousin (male)
cousine, *f*: cousin (female)
cravate, *f*: tie
croissant, *m*: croissant
cuisine, *f*: cooking
cuisine, *f*: kitchen
curieux: curious/nosy

d'abord: firstly/first of all/in the first place
d'accord: okay/agreed
d'ailleurs: in addition

dans: in
dans une semaine: in a week
danser: to dance
de (or **d'**): of/from
de l'argent: some money
de l'autre côté du magasin: on the other side of the store
de la caféine: some caffeine
de la famille: of the family
de la musique: some music
de la petite monnaie: small change
d'où: from where (contraction of <u>de</u> and <u>où</u>)
de quelle couleur: what color
de quelle nationalité: what nationality
de temps en temps: from time to time
déjà: already
délicieux♂/délicieuse♀/délicieux♂/délicieuses♀: delicious
demain: tomorrow
demain après-midi: tomorrow afternoon
demain soir: tomorrow evening
depuis: since
depuis longtemps: for a long time
derrière: behind
descendre: to go down
désirer: to want
dès que: as soon as, whenever
dessert, *m/f*: dessert
destinataire, *m*: addressee
devant: in front of
devenir: to become (uses **être** in **passé composé**)
devoir: to ought to, to have to
difficile: difficult
dimanche: Sunday
dîner, *m*: dinner
dîner: to have dinner
dire: to say
directeur♂/directrice♀: director
dix heures du soir: ten o'clock in the evening
dix-huit: eighteen
dix-huit heures trente: half-past six p.m
dix-neuf: nineteen
dix-sept: seventeen
dommage!: too bad!
donne!: give (me)!
donner: to give
douze: twelve
douze ans: twelve years (old)
droit: right

école, *f*: school
école de langues: language school
écouter: to listen
écrire: to write
également: also, as well
Eh bien?: So?
employé, *m*/employée, *f*: employee
en: some/any
en attendant: meanwhile/in the meantime
en direction de: toward
en été: in summer
en face: opposite
en fait: in fact, actually
en hiver: in winter
en marron: in brown
en même temps: at the same time
en plein centre: right in the center
en tout: altogether
en train de dîner: having dinner
en train de servir: serving
enchanté♂/enchantée♀: pleased to meet you
encore du café: more coffee
encore un peu: a little more
enfant, *m*: child
enfance, *f*: childhood
enfin: at last, finally
ensemble: together
ensuite: then
entendu: agreed
entrée, *f*: entrance
entrée du musée: entrance to the museum
enveloppe, *f*: envelope
environ: about, approximately
envoyer: to send
épicerie, *f*: grocery store
escalier, *m*: staircase
escalier mécanique, *m*: escalator
espagnol, *m*/espagnole, *f*: Spanish
esplanade, *f*: esplanade
essayer: to try
et, *(eh)*: and
étage, *m*: floor, story
étagère, *f*: shelf
été: summer
éteindre: to blow out/to turn off (radio, TV, etc.)
étranger, *m* (étrangère, *f*): foreign/foreigner
être: to be

être à l'heure: to be on time
être au téléphone: to be on the phone
être d'accord: to agree
être de retour: to be back
étudier: to study
excusez-moi: excuse me
expéditeur, *m*/expéditrice, *f*: the sender

facile: easy
faire du sport: to practice sports
faire la cuisine: to do the cooking
faire la queue: to stand in line
faire un pique-nique: to have a picnic
Fais vite!: Be quick!
famille, *f*: family
faux♂/fausse♀: false
félicitations!: congratulations!
féliciter: to congratulate
femme, *f*: wife/woman
fenêtre, *f*: window
fermer: to close
fiche, *f*: form
fille, *f*: daughter
film, *m*: movie
fils, *m*: son
formidable: great/wonderful/terrific
français♂/française♀: French (the nationality)
Français♂/Française♀: a French man/French woman
français, *m*: French (the language)
frère, *m*: brother
fromage, *m*: cheese

gare, *f*: station
gâteau, *m*: cake/pastry
gâteau d'anniversaire: birthday cake
gauche: left
généralement: generally/usually
genre, *m*: style, kind
gens, *pl.*: people
gentil: nice
gourmand: greedy
grammaire, *f*: grammar
grand (or grande): big/large
grand magasin, *m*: department store
grand-mère, *f*: grandmother
grand-père, *m*: grandfather

groupe, *m*: group
guichet, *m*: teller/ticket booth

habiter (regular "er" verb): to live
heure, *f*: hour
hier: yesterday
hier soir: yesterday evening
hiver, *m*: winter
hôtel, *m*: hotel

ici: here
idée: idea
il a douze ans: he's 12 years old
il fait beau: it's fine
il fait chaud: it's hot
il fait froid: it's cold
il faut: it's necessary/you need to
il faut encore acheter: we still need to buy
il faut que: it is necessary that
il n'en reste plus: there's none left
il ne reste plus de chaussures: there are no more shoes left
il n'y a pas: there isn't/there aren't
il n'y a pas de mal: there is no harm done
il n'y a rien: there is nothing
il n'y en a pas: there is none there
il pleut: it's raining
il y a: there is/there are
immeuble, *m*: building
impératif, *m*: the imperative
imperméable, *m*: raincoat
impossible: impossible
indiquer: to indicate
infinitif, *m*: infinitive
installé: settled in
instant, *m*: moment
intéressant ♂ /**intéressante** ♀ /**intéressants** ♂ /**intéressantes** ♀ : interesting
inviter: to invite
italien ♂ /**italienne** ♀ : Italian

j'aurai: I will have
j'en aurai: I will have some
jamais: never
japonais ♂ /**japonaise** ♀ : Japanese
jardin, *m*: garden
je me suis trompé: I was wrong
je mets mon imperméable: I put on my raincoat
je ne suis pas d'accord: I don't agree

je suis désolé: I am sorry
je trouve que: I find that
je veux bien: yes, thank you
je voudrais: I'd like
je vous en prie: you are welcome
je vous remercie: thank you
jeudi: Thursday
jeune: young
jeunes: young people
jeunes gens, *m*: young people
jouer (regular "er" verb): to play
jouer aux cartes: to play cards
jour, *m*: day
jour férié, *m*: holiday
journal, *m*: newspaper
Joyeux anniversaire!: Happy birthday!
jupe, *f*: skirt
jusqu'à: until, as far as
jusqu'à la place de l'Opéra: as far as the Place de l'Opera

la rue qui est en face: the street opposite
la semaine prochaine, *f*: next week
là: there
là-bas: over there
laisser (regular "er" verb): to leave behind/to forget
lait, *m*: milk
langue, *f*: language
le 12 juillet: July 12th
le vôtre♂/la vôtre♀/les vôtres♂/♀: yours
leçon, *f*: lesson
leçon de français: French lesson
légume, *m*: vegetable
lesquels♂/lesquelles♀: which *(plural)*
lettre, *f*: letter
lettre à envoyer: letter to send
lever du soleil, *m*: sunrise
ligne, *f*: line
lire: to read
liste, *f*: list
livre, *m*: book
livre de français: French book [book of French]
loin: far
Louvre, *m*: the Louvre
lundi, *m*: Monday

M., as in M. Sorel (monsieur Sorel): Mr.
ma: my♀ (sing.)

madame Sorel: Mrs. Sorel
mademoiselle Sorel: Miss Sorel
magasin, *m*: store
magazine, *m*: magazine
main, *f*: hand
maintenant: now
maison, *f*: house
mal: bad/badly
malheureusement: unfortunately
manteau, *m*: coat/overcoat
marché, *m*: market
marché aux puces, *m*: flea market
mardi, *m*: Tuesday
mari, *m*: husband
marié♂/mariée♀: married
matin, *m*: morning
même: same
merci: thank you
merci bien: thank you very much
merci d'avoir été: thank you for having been
mercredi: Wednesday
mère, *f*: mother
métro, *m*: subway
mettre: to put
mettre un pull: to put on a sweater
mienne: mine (feminine singular)
mignon♂/mignonne♀: cute
Mlle, as in Mlle Caron (mademoiselle Caron): Miss
Mme, as in Mme Sorel (madame Sorel): Mrs.
mode de vie, *m*: way of life
moi: me
moi non plus: neither do I
moins: less
moins le quart: a quarter to …
monde, *m*: the world
monotone: monotonous
monsieur, *m*: gentleman/man/mister/sir
montagne, *f*: mountain
musée, *m*: museum
musique, *f*: music

nationalité, *f*: nationality
naturellement: naturally
nécessaire: necessary
n'est-ce pas?: right?
neveu, *m*: nephew
nièce, *f*: niece

nom, *m*: name
non: no
notre: our
nous allons être cinq: there will be five of us
nouveau: new
nouvel appartement, *m*: new apartment
nuage, *m*: cloud
nuit, *f*: night
numéro, *m*: number

objet, *m*: object
objets trouvés: lost property
Oh là là!: Oh dear!
On a tout ce qu'il faut?: Do we have everything we need?
on allait: we used to go
on dirait que…: it looks like…
on dirait: you'd say
On s'occupe de vous?: Are you being attended to?
oncle, *m*: uncle
onze: eleven
orange: orange
ordinateur, *m*: computer
ou: or
où: where
oublier: to forget
oui: yes
ouvrir: to open

pain, *m*: bread
paire de chaussures, *f*: pair of shoes
panier, *m*: basket
pantalon, *m*: pair of pants
papier, *m*: paper
par: by/through
par avion: by air mail
par erreur: by mistake
par exemple: for example
par fax: by fax
par là: that way
par où: which way
parapluie, *m*: umbrella
parc, *m*: park
parce que: because
pardon: excuse me
parfait: perfect
parisien♂/parisienne♀: Parisian
parler: to talk

partir en voyage: to go on a trip
partir: to depart/to leave (go away)
partout: everywhere/all over
pas aussi grand♂/grande♀: not so big
pas du tout: not at all
pas pour moi: not for me
pas si mal: not so bad
passe Navigo, *m*: a travel card that can be purchased in Paris
passeport, *m*: passport
passer: to pass/to spend
passer l'après-midi: to spend the afternoon
patron, *m*: boss
payer: to pay/to pay for
pendant: during
pendant des mois: during months
perdre (regular "re" verb): to lose
père, *m*: father
permis de conduire, *m*: driver's licence
personne, *f*: person
peser: to weigh
petit♂/petite♀: small/little
petit déjeuner, *m*: breakfast
peut-être: perhaps
pièce, *f*: room; coin
pièce de théâtre, *f*: stage play
place, *f*: space
plage, *f*: beach
plaire (irregular): to please
plus ou moins: more or less
plus petit♂/petite♀ que: smaller than
plutôt: rather
pointure, *f*: shoe size
poisson, *m*: fish
porte, *f*: door
porteur, *m*: porter
poste, *f*: post office
poulet rôti, *m*: roast chicken
pour: for
pour femme/pour dame: for women
pour homme: for men
pour l'instant: for the moment
pourquoi?: why?
pourquoi ça?: why's that?
pourquoi pas?: why not?
pourriez-vous: could you
pourriez-vous m'indiquer?: could you show me?
pouvoir: can/to be able to

pratique: practical/convenient/handy
préférer: to prefer
prendre: to take
prendre l'avion: to take the plane
prendre le métro: to take the subway
prendre le petit déjeuner: to eat breakfast
prendre un taxi: to take a cab
préparer: to prepare
près de chez nous: near our house
présentations: introductions
presque: almost
pressé♂/pressée♀/pressés♂/pressées♀: in a hurry
prêt(s)♂/prête(s)♀: ready
prêter: to lend
probablement: probably
professeur, m: teacher
professeur de français, m: teacher of French/French teacher
promenade, f: walk (noun)
prudent♂/prudente♀/prudents♂/prudentes♀: careful
pull, m: sweater
pyramide, f: pyramid

quai, m: platform
quand: when
quarante: forty
quartier, m: neighborhood
Quartier Latin, m: the "Latin Quarter," in Paris
quatorze: fourteen
quatre-vingts: eighty
quatre-vingt-dix: ninety
quel âge: what age
Quel temps fait-il?: What's the weather like?
Quel travail!: What a job!
Quelle est votre pointure?: What size are you?
Quelle heure est-il?: What time is it?
quelque chose: something
quelquefois: sometimes
quelques: some, a few
quelqu'un: someone
question, f: question
qui?: who
qu'est-ce que ...?: what ...?
quinze: fifteen

réceptionniste, m/f: receptionist
reconnaître: recognize
Regardez!: Look!

regarder la télé: to watch television
remercier: to thank
remplir: to fill (out)
rendez-vous, *m*: a meeting of two or more people (not necessarily a date)
repasser: to drop by again
répéter: to repeat
répondre: to answer
répondre au téléphone: to answer the phone
réponse, *f*: answer
réservation, *f*: reservation
rester: to be left; to remain, to stay
retourner: to go back
retrouver (regular "er" verb): to find again
revenir: to come back
réviser: to review
rez-de-chaussée, *m*: first floor
rien: nothing
rond-point, *m*: traffic circle, roundabout
roue, *f*: wheel
rue, *f*: street
russe, ♂/♀: Russian

sac, *m*: bag
saison, *f*: season
salade, *f*: salad
salle à manger, *f*: dining room
salle de bains, *f*: bathroom
salon, *m*: living room
samedi, *m*: Saturday
sans: without
savoir: to know/to know how
s'amuser: to have fun
se coucher: to go to bed
s'ennuyer: to be bored
s'habiller: to get dressed
s'habituer: to get used to
se lever: to get up
s'occuper de (regular "er" verb): to attend to
s'occuper de quelque chose: to deal with something
s'occuper de quelqu'un: to attend to someone
se brosser les dents: to brush one's teeth
se peigner: to comb one's hair
se présenter: to introduce oneself
se promener: to take a walk
se quitter: to leave
se raser: to shave
se reposer: to rest

se trouver: to be situated
secrétaire, *m/f*: secretary
seize: sixteen
sembler (regular "er" verb): to seem
servir: to serve
seulement: only
s'il te plaît: please (you informal)
s'il vous plaît: please
sœur, *f*: sister
soir, *m*: evening
soirée, *f*: evening (an outing, reception, etc.)
soixante: sixty
soixante-dix: seventy
soleil, *m*: sun
sont allés: have gone
sont assis: are sitting
sortie, *f*: the exit
sortir: to go out/to come out
sous: under
souvenir, *m*: souvenir
souvent: often
spécial♂/spéciale♀/spéciaux♂/spéciales♀: special
sport, *m*: sport
stylo, *m*: pen
sucre, *m*: sugar
suisse, ♂/♀: Swiss
sur: on
sur la rive droite: on the right bank
sur la rive gauche: on the left bank
surtout: especially

tant de choses à faire: so many things to do
tante, *f*: aunt
taper: to type
tartine, *f*: slice
tartine de pain beurré: slice of buttered bread
taxi, *m*: taxi/cab
télé (la télévision), *f*: TV (television)
téléphone, *m*: telephone
téléphoner: to telephone/call
tenir: to hold
terrasse d'un café: café terrace
TGV (le Train à Grande Vitesse), *m*: the fastest train in France
thé, *m*: tea
thé au citron: lemon tea
thé au lait: tea with milk
théâtre, *m*: theater

ticket de métro: subway ticket
timbre, *m*: stamp
toi et moi: you and me
tôt: early
toujours: always/still
touriste, *m/f*: tourist
tous les soirs: every evening
tout: all, everything
tout ce qu'il faut: all that we need/all that is necessary
tout de suite: right away
tout droit: straight ahead
tout le monde: everyone
train, *m*: train
train de banlieue: commuter train
tranquille: quiet
transporter (regular "er" verb): to carry, transport
travail, *m*: work
travailler: to work
Travaillez bien!: Work well/Keep up the good work!
traverser: to cross
treize: thirteen
trente: thirty
très: very
très bien: very well/very good
très mal: very bad
troisième: third
trop: too, too much
trouver (regular "er" verb): to find
truc, *m*: thing
Tu peux le dire.: You can say that.

un de ses cousins♂/cousines♀: one of his cousins
un peu partout: all over
un peu plus loin: a little further

vacances, *f pl.*: vacation
valeur, *f*: value
valise, *f*: suitcase
vendeur♂/vendeuse♀: sales assistant
vendre (regular "re" verb, conjugated like attendre or répondre): to sell
vendredi: Friday
venir: to come
verbe, *m*: verb
veston, *m*: jacket
vêtement, *m*: garment, item of clothing
veuillez (irregular imperative of vouloir): please (would you please?)
Veuillez attendre.: Please wait.

viande, *f*: meat
vide: empty
vie, *f*: life
ville, *f*: town
vin, *m*: wine
vingt: twenty
visiter: to visit
vite: quickly
vocabulaire, *m*: vocabulary
voici...: here is...
voir: to see
voiture, *f*: car
vos: your (masculine/feminine, plural)
votre: your (masculine/feminine, singular,formal)
vous *(voo)*: you
Vous venez du Canada.: You come from Canada.
voyage, *m*: trip/journey
voyager: to travel
voyageur♂/voyageuse♀: traveler
voyons: let's see
vrai: true
vraiment: really

week-end, *m*: weekend

y: there/here
y a-t-il ...? (or est-ce qu'il y a ...?): is there/are there ...?